THÈSE

POUR

LE DOCTORAT

FACULTÉ DE DROIT DE L'UNIVERSITÉ DE PARIS

DE
LA VAINE PATURE

THÈSE POUR LE DOCTORAT

L'ACTE PUBLIC SUR LES MATIÈRES CI-DESSUS
sera soutenu le Samedi 27 Janvier 1899 à 10 heures

PAR

L. CHIFFERT

Président :	M. WEISS, *professeur,*
Suffragants {	MM. DUCROCQ, *professeur,*
	GARÇON, *professeur.*

PARIS

LIBRAIRIE DE LA SOCIÉTÉ DU RECUEIL GÉNÉRAL DES LOIS ET DES ARRÊTS
FONDÉ PAR J.-B. SIREY, ET DU JOURNAL DU PALAIS
Ancienne Maison L. LAROSE et FORCEL
22, *rue Soufflot,* 22
L. LAROSE, Directeur de la Librairie
1899

BIBLIOGRAPHIE

Aubry et Rau. — Droit civil français, t. II et III.

Baudry-Lacantinerie. — Droit civil. Des biens.

Beautemps-Beaupré. — De la nature du droit de vaine pâture et de quelques-unes de ses conséquences. Revue pratique, t. XIV.

Béquet. — Répertoire de droit administratif. Au mot Commune, n° 2402 et suiv.

Blanche. — Etudes pratiques sur le Code Pénal, t. VII.

Bouthors. — Sources de droit rural.

Chasseneuz. — Consuetudines ducatus Burgundiœ fereque totius Galliæ.

Cœpolla. — De servitutibus.

Coquille. — Institution au droit français.

— Coutume du Nivernais.

Daguin. — Annuaire de législation française, 1889, p. 140.

Dalloz. — Répertoire et supplément aux mots : Droit rural, Commune, Contraventions, Servitudes, Usage, Usage forestier, etc.

Demolombe. — Code Napoléon, t. XI et XII.

Dunod. — Traité des prescriptions.

Duvergier. — Lois et Décrets, t. LIV.

Garsonnet. — Histoire des locations perpétuelles.

Gauwain. — Législation rurale.

Gavini de Campile. — Traité des servitudes.

George. — Etude sur la vaine pâture et le parcours.

Glasson. — Les communaux et le domaine rural à l'époque franque.

— Histoire du droit et des institutions de la France.

Guyot. — Répertoire, t. XVII au mot Vaine pâture.

Huc (Théophile). — Droit civil, t. IV.

Jacques (Ferd.). — Des servitudes rurales. Revue Critique, 1891, 1894, 1896.

— De la police rurale. Revue Critique, 1883.

— De la récidive d'après la loi rurale combinée avec les lois du 19 juillet 1791 et du 23 thermidor an IV. Revue pratique, 1881.

Jay et Beaume. — Traité de la vaine pâture et du parcours.

Laurent. — Principes de droit civil, t. VII et VIII.

Lepasquier. — Législation de la vaine pâture.

Loysel. — Institutes coutumières.

Merlin. — Questions de droit, t. XVI.

— Répertoire au mot vaine pâture.

Neuf de Neufville (Le). — Des aminaux employés à l'exploitation des propriétés rurales. France judiciaire, 1890. 1re Partie p. 161.

Pardessus. — Traité des servitudes et services fonciers.

Pothier. — Coutume d'Orléans.

Proud'hon. — Traité des droits d'usufruit.

Journal Officiel. — Années 1878 à 1890.

INTRODUCTION

Notre législateur a lentement élaboré les premiers titres d'un Code Rural depuis longtemps en projet, et qui
est loin encore d'être complet. Ces dispositions législatives, dont les plus importantes ont eu les honneurs du
Journal officiel en 1889 et 1890, notre Parlement les a
obtenues en remaniant certaines lois de la période révolutionnaire, et quelques articles du Code civil, comme
par exemple ceux relatifs au bail à colonat partiaire;
parmi ces lois, il en est deux surtout, auxquelles les auteurs n'ont pas ménagé les critiques; ce sont celles du 9
juillet 1889 et du 22 juin 1890, relatives à la vaine pâture
et au parcours. Nous verrons, dans le cours de nos développements, sur ce point, que ces deux droits ont été
attaqués par la plupart de ceux qui les ont étudiés, et les
attaques ont été d'autant plus vives que le législateur
refusait ou négligeait de leur donner satisfaction. On reproche en effet à la vaine pâture et au parcours, d'être
contraires au développement et aux progrès de l'agriculture, car ces servitudes paralysent jusqu'à un certain
point les efforts que les propriétaires voudraient faire
pour l'amélioration de leurs terrains.

C'est sous l'impression de ces attaques violentes, qu'a

été votée la loi de 1889 ; elle supprime définitivement le parcours, et abolit également la vaine pâture, mais d'une façon beaucoup moins radicale, ainsi que nous pourrons nous en rendre compte plus tard.

Si la suppression de notre première servitude a été admise sans trop de protestations, il n'en a pas été de même pour la seconde, qui avait de chauds partisans, surtout parmi les petits propriétaires, et qui a trouvé parmi les agriculteurs français, des avocats convaincus. Les pétitions d'un certain nombre de conseils municipaux ont amené le législateur, sinon à modifier profondément son œuvre sur ce point, du moins à prolonger le délai qu'il avait accordé aux autorités communales pour demander le rétablissement ou plutôt le maintien de la vaine pâture, et surtout à autoriser ce rétablissement sur les prairies naturelles, contrairement à ce qui avait été décidé quelques mois auparavant. Ces modifications ont été l'objet de la loi de 1890. Actuellement donc, la vaine pâture existe encore sur certaines parties du territoire français, et les lois nouvelles, loin de résoudre toutes les difficultés qui existaient sous l'empire de la législation antérieure, en ont fait naître d'autres.

Il nous a semblé intéressant de nous occuper d'un droit qui a, pour les propriétaires ruraux, une importance considérable, et sur la nature, les caractères et les conséquences duquel les auteurs sont très divisés.

Dans la première partie de notre travail, partie qui aura pour but l'étude générale du droit de vaine pâture, nous chercherons à nous rendre compte de l'origine, des caractères et de la nature du droit ; des causes qui ont déterminé le législateur à voter les lois de 1889 et 1890, et des résultats et conséquences de ce vote. Dans la deuxième partie, nous étudierons le droit tel qu'il est régi par les lois nouvelles. Enfin, nous consacrerons un chapitre à l'étude d'un droit que les auteurs et le législateur lui-même ont appelé vaine pâture à titre particulier, et qui n'est, en somme, qu'une servitude conventionnelle, dont l'existence et les effets restent soumis à la volonté des parties.

PREMIÈRE PARTIE

Etude générale du droit de vaine pâture.

CHAPITRE PREMIER

DÉFINITION, NATURE ET CARACTÈRES DU DROIT

Le droit de vaine pâture n'a été défini par aucune des lois qui s'en sont occupées. C'est donc à l'interprète à trouver cette définition, et à déterminer la nature et les caractères du droit. Nous allons voir que les opinions des auteurs sur ce point, sont d'autant plus différentes que la pensée du législateur est plus difficile à pénétrer.

Telle que les lois du 6 octobre 1791, du 9 juillet 1889 et du 22 juin 1890, l'ont successivement réglementée, la vaine pâture peut être définie : Le droit pour les habitants d'une commune ou d'une section de commune, de faire paître leurs bestiaux sur les terrains non clos, faisant partie du territoire de cette commune, après l'enlèvement des récoltes, et en se conformant aux règlements municipaux. Par conséquent le droit de vaine pâture est une atteinte profonde au droit de propriété, puisque chaque habitant de la commune peut faire pâturer ses bestiaux sur les propriétés d'autrui, par le seul fait que celles-ci font partie du territoire communale.

Nous venons de définir ce que les auteurs appellent la vaine pâture coutumière. Nous verrons plus tard que notre droit peut revêtir une deuxième forme, que la loi elle-même appelle vaine pâture à titre particulier ; ce droit, tout en ayant la même nature et la même base que le premier, en diffère en plusieurs points ; nous aurons l'occasion d'en faire plus loin une étude spéciale.

La vaine pâture nous apparaît comme une servitude légale, discontinue et non apparente, et demeure soumise à cet égard, aux règles spéciales à ces servitudes, elle ne *pourrait* donc, en principe, s'établir que par titre, conformément à l'article 691 du Code civil ; c'était, du reste, la règle adoptée par plusieurs de nos anciennes coutumes, notamment celle de Nantes, qui range la vaine pâture parmi « les choses ne s'acquérant ou ne se prescrivant que par titre » (1), et celle de Bourgogne, dont une disposition spéciale nous dit : « L'on ne peut prétendre vain pâturage sur autrui sinon par titre » (2).

Nous avons dit : ne *pourrait* s'établir, car, ainsi que nous le verrons plus loin (2ᵉ partie, chapitre I), depuis la loi de 1791, il ne peut plus être question de l'établissement du droit de vaine pâture, mais simplement de son exis-

1. *Coutume de Nantes*, p. 273,
2. *Coutume de Bourgogne*, tit, XIII, art. 5.

tence et des moyens de le prouver. Le titre dont parle l'article 3 de la loi rurale est donc l'écrit qui constate l'existence du droit, et non le fait juridique constitutif de ce droit. Le législateur a ajouté à ce moyen de preuve l'usage local immémorial. Cette adjonction semble justifiée par ce fait que, la plupart du temps, la vaine pâture repose sur un usage local, plutôt que sur un titre ; méconnaître ce moyen de preuve aurait été, en fait, supprimer le droit, ou tout au moins le restreindre dans une très large mesure. Si cette suppression a été l'objectif du législateur de 1889, elle n'était point encore, à notre avis, dans l'intention de celui de 1791, contrairement à ce que prétendait M. Chovet, dans la discussion au Sénat, de la loi de 1890 (1).

Nous avons maintenant à expliquer l'épithète de vain, appliqué au droit de pâture. Ce qualificatif lui a été donné à cause du peu d'importance des produits perçus, produits qui, le plus souvent, ne feraient pas, de la part du propriétaire, l'objet d'une récolte. « *Dicitur vana postura quia nullum domnum affert prædiis servientibus* », nous dit le commentateur de la coutume de Bourgogne (2). Pour nous rendre exactement compte de ce caractère, il nous faut distinguer les pâtures vives des vaines pâtures. Les pâtures vives sont les landes, marais, pâtis, etc., appartenant à la commune en tant que personne morale, ou sur lesquelles elle a un droit d'usage. Les habitants peuvent

1. *J. O.* 1898. Sénat, *in extenso*. Séance du 22 mai 1890.
2. Chasseneuz. *Coutume de Bourgogne.*

être autorisés, par les règlements municipaux, à y faire paître leurs bestiaux en tout temps. La commune, représentée par le conseil municipal a, sur ces pâtures vives, tous les droits d'un propriétaire ou d'un usager, et elle peut notamment les affermer à des particuliers, pouvoir qui ne lui appartient pas en matière de pâtures vaines. Pour bien comprendre ce dont il s'agit prenons un exemple : Une commune est propriétaire d'une certaine étendue de prés situés sur le territoire communal. Le conseil municipal a obtenu le rétablissement de la servitude de vaine pâture sur les prairies naturelles après la récolte du premier fruit. La commune peut, comme tout propriétaire, louer ses prés, mais non les affranchir de la servitude dont ils sont grevés. Les habitants pourront donc y exercer le droit de vaine pâture après la récolte du premier fruit, absolument comme ils l'exercent sur les prés appartenant à des particuliers. Par conséquent, nous pouvons avoir ici, sur les mêmes propriétés, deux droits distincts : un droit de vive pâture, affermé à des particuliers, et un droit de vaine pâture, exercé par tous les habitants ; ce dernier droit, la commune n'a, pas plus qu'un propriétaire particulier, le pouvoir ni de l'aliéner, ni de l'affermer, même pour la portion qui excéderait le besoin des habitants. C'est en ce sens que la cour de Cassation s'est prononcée par un arrêt du 9 août 1860 (1).

Les vaines pâtures sont, au contraire, suivant l'expression de Pothier, les terres « où il n'y a aucune semence

1. D. P. 61. 2. 55.

ou fruits (1) », c'est-à-dire les prés après la fauchaison, et tous les champs cultivés, à l'exception des prairies artificielles, après l'enlèvement de la récolte, et appartenant soit à des particuliers soit à la commune.

Cette distinction entre les pâtures vives et les vaines pâtures semble très nette et très précise, et elle l'était en effet chez nos anciens jurisconsultes, mais, sous l'empire de la législation actuelle, elle peut varier suivant les applications, à cause de la grande latitude de réglementation que le législateur a laissée sur ce point aux municipalités. En effet, l'art. 5 de la loi de 1889, modifié par la loi de 1890, autorise « le rétablissement de la vaine pâture sur les prairies naturelles, dans les conditions où elle s'exerçait antérieurement à cette loi », et l'article 11 accorde aux conseils municipaux un droit de réglementation très étendu, relativement à la suspension d'exercice du droit, au cantonnement des troupeaux sur certaines parties du territoire, et même à l'interdiction dans le cas de maladie des bestiaux. Les règlements municipaux peuvent donc ranger, dans la classe des vaines pâtures, des terrains que nos anciens jurisconsultes faisaient rentrer dans la classe des pâtures vives, comme par exemple les marais, landes, pâtis, etc... Le législateur n'apporte à cette faculté d'autres restrictions, que celles formulées dans l'art. 5 : « Dans aucun cas et dans aucun temps, la vaine pâture ne peut s'exercer sur les prairies artificielles. Elle ne peut avoir lieu sur

1. Pothier, *Coutume d'Orléans*, tit. 5, art. 145.

aucune terre ensemencée ou couverte d'une production quelconque faisant l'objet d'une récolte, tant que la récolte n'est pas enlevée. » Au reste, les prairies artificielles, étant toujours en état de produit, le droit de pacage, établi sur ces prairies, rentrerait dans la classe des pâtures vives plutôt que dans celle des vaines pâtures (1).

Parmi les conseils municipaux qui ont usé de la faculté de rétablissement de la vaine pâture, que leur a laissée la loi de 1890, les uns ont rétabli ce droit seulement sur les terrains cultivés, dépouillés de leurs récoltes ; d'autres sur ceux-ci et sur les prairies naturelles après l'enlèvement du second fruit ; enfin, une troisième catégorie a usé de toute la latitude laissée par le législateur, et a autorisé la vaine pâture sur les prairies naturelles après l'enlèvement du premier fruit, en même temps que sur les champs cultivés après les récoltes faites. Ce pâturage sur les prés à foin après l'enlèvement du premier fruit, que Bouthors (2) s'étonne de rencontrer à Moislains et à Allaines, arrondissement de Péronne, nous le retrouvons assez fréquemment dans certaines parties de la France, où la propriété est très morcelée, par exemple dans la région de l'Est. Nous verrons plus tard, en effet, que l'une des causes de la conservation du droit de vaine pâture, et non la moins importante, est le morcellement de la propriété. La nature

1. Voy. Théophile Huc. *Commentaire du C. C.* T. IV, n° 311.
2. Voy. Bouthors. *Sources du droit rural*, p. 148.

et l'étendue des terrains soumis à l'exercice de la servitude, peuvent donc varier suivant les cas.

Une autre servitude rurale qu'il importe de distinguer soigneusement du droit de vaine pâture, bien qu'elle s'en rapproche beaucoup, et lui emprunte la plupart de ses règles, c'est le droit de *parcours*, qui peut être défini : « Le droit réciproque de pacage existant entre deux communes ou sections de commune. » La réciprocité de commune à commune est donc le signe caractéristique et distinctif du droit de parcours. Cette réciprocité diffère de celle que nous aurons l'occasion de signaler pour la vaine pâture, car elle est de l'essence du droit de parcours, qui ne saurait exister sans elle ; elle diffère de plus en ce que la réciprocité de la vaine pâture résulte de l'accord des propriétaires ou fermiers, tandis que celle-ci résulte de l'accord des communes, considérées comme personnes morales, et n'ayant sur leurs territoires ni droit de propriété ni droit d'usufruit.

Le parcours se distingue encore de la vaine pâture à un autre point de vue, qui néanmoins est l'objet de controverses ; c'est par les moyens d'en prouver l'existence : L'art. 2 de la loi de 1791 admet le droit de parcours lorsque « cette servitude est fondée sur un titre ou sur une possession autorisée par les lois. » D'autre part, l'art. 3 reconnaît l'existence de la vaine pâture, lorsque ce droit « est fondé sur un titre particulier, ou autorisé par la loi ou par un usage local immémorial. »

La différence de rédaction entre ces deux articles a

conduit certains auteurs à décider que le droit de parcours ne pouvait être fondé sur « un usage local immémorial, » mais seulement sur une « possession autorisée par les lois » (1). C'était l'opinion de Pardessus : « Dans les lieux où les servitudes ne s'acquièrent point sans titre et où cependant la vaine pâture, par une exception particulière, subsiste par la seule possession immémoriale, le parcours doit être fondé sur un titre ou sur la loi » (2).

Quoiqu'il en soit, la distinction entre la vaine pâture et le parcours présente une importance capitale, car ce dernier a été supprimé définitivement par la loi de 1889, après l'avoir été « provisoirement » par celle de 1791, et il ne peut être rétabli en aucun cas, tandis que les lois de 1889 et 1890 autorisent le rétablissement de la vaine pâture. Cependant, si le droit de parcours a été acquis à titre onéreux, sa supression donne lieu à une indemnité. Le législateur, par cette disposition a concilié, avec l'intérêt général, qu'il avait en vue, la règle fondamentale dont il ne s'est jamais départi, du respect des droits acquis ; car, ainsi que l'a dit M. Boreau-Lajanadie, dans son rapport à la Chambre, la suppression du droit ne saurait être une confiscation (3). Quant au règlement de cette indemnité, c'est le conseil de préfecture qui en est chargé, sauf, en cas de contestation, le renvoi devant les tribunaux ordinaires.

1. Jacques (Ferd.). Des servitudes rurales. *Revue critique*, 1891, p. 461.
2. Pardessus. *Traité des servitudes*, n° 132.
3. *J. off.* Chambre. *Annexes*, p. 574.

Cette plus grande rigueur du législateur à l'égard du droit de parcours peut être justifiée, non seulement par les raisons d'économie rurale qui ont entraîné le vote de la loi de 1889, mais encore par cette considération que, les conditions du droit de parcours une fois établies, elles ne pouvaient être modifiées que d'un commun accord entre les communes soumises à la servitude. La liberté de suppression ou de réglementation de l'une pouvait donc être entravée par le refus ou le mauvais vouloir de l'autre. C'est cet inconvénient que le législateur a voulu éviter en supprimant définitivement le parcours. De plus ainsi que nous le verrons plus tard, la division du territoire en communes a facilité cette suppression, en déterminant d'une façon plus nette et plus précise l'étendue et la situation des territoires communaux. Nous n'aurons donc pas, dans le cours de cette étude, à nous occuper du droit de parcours, si ce n'est pour le distinguer de la vaine pâture, et en mentionner la suppression définitive.

Signalons également le cas où une commune est copropriétaire, en ce sens qu'elle a droit aux seconds fruits des prairies situées sur son territoire, et qu'elle peut percevoir ceux-ci, aussi bien en les récoltant qu'en les faisant pâturer par les bestiaux ; ce droit, comme le dit Bouthors (1), se distingue nettement du simple droit de vaine pâture. Il a, du reste, à peu près disparu. On le retrouve cependant dans quelques communes du territoire français, en particulier en Franche-Comté. Le cas nous a

1. Bouthors. *Sources du droit rural*, p. 146.

paru assez spécial pour que nous en disions quelques mots.

La commune de Noidans-les-Vesoul, par exemple, est propriétaire, ainsi que nous venons de l'expliquer, des regains de tous les prés situés sur son territoire. Ce droit lui a été reconnu par une enquête du 4 septembre 1694, faite par Claude Lyautey de Vesoul, juge, « pour les seigneurs dudit lieu, et en suite de commission de Monseigneur de Lafond, intendant de cette province », et de plus par un décret du 26 mai 1699. Mais un droit aussi particulier devait faire l'objet de contestations. Un jugement de l'an VII, rendu par défaut, au profit d'un habitant, dépouille la commune de sa jouissance. Dans une délibération municipale du 25 février 1807, la commune réclame son droit ; elle est réintégrée dans sa jouissance par un arrêté préfectoral du 11 avril 1807. Enfin, récemment, c'est-à-dire le 1er juillet 1892, un jugement du tribunal de Vesoul, rendu contre le sieur Courgey qui avait voulu « user d'un nouveau mode de culture » en labourant son pré, a reconnu que le droit de la commune de Noidans « ne constituait pas un simple droit de vaine pâture, mais bien un droit de copropriété ou de servitude non rachetable ». Nous dirons pour terminer, que la commune met chaque année 1/3 de la prairie en pâture, et vend à son profit les 2/3 restants ; de plus, elle rembourse aux propriétaires 1/3 de l'impôt ; elle est donc supposée être propriétaire de 1/3 de la valeur du terrain.

Nous avons soutenu que le droit de vaine pâture était

une servitude ; ce caractère est loin d'être reconnu par tous les jurisconsultes, et notre opinion a besoin d'être justifiée. Nous pouvons d'abord invoquer un argument historisque : le caractère de servitude a été reconnu à la vaine pâture par le plus grand nombre de nos auteurs anciens : Lalande, par exemple, s'exprime ainsi :… « c'est alors une véritable servitude, introduite contre la liberté qu'a un chacun de n'être pas troublé en la possession de son bien » (1). Un autre auteur (2), après nous avoir fait entendre que le fonds qui est soumis au droit ne peut être mis en culture au préjudice de ce droit, nous dit : « *Nisi servitus juris pascendi deberetur tantum eo tempore quo fruges collectæ sunt* ». Le commentateur de la coutume de Bourgogne professe la même opinion : « *Quædam est servitus vivæ pasturæ quæ dicitur eo tempore quo glandes sunt in lignis et nemoribus…. Alia est vanæ pasturæ quæ dicitur esse tempore quo amplius nulli sunt fructus super terram, sed sunt omnes recollecti, in lignis post festum sancti Andreæ, in aliis post recollectionem fructuum* » (3). Enfin, Fleury n'est pas moins explicite : « Les servitudes réelles se pourraient diviser en générales et particulières. J'appelle générales celles qui sont établies pour l'utilité publique et qui ont lieu de plein droit, même contre la volonté des propriétaires… Tel est le droit de vaine pâture » (4).

1. Lalande. *Coutume d'Orléans*, art. 165.
2. Cœpolla. *De servitutibus tract II*. Cap. IX. *De servitute juris pascendi*, nº 40.
3. Chasseneuz. *Consuet. Burgundiæ*, Rubr. XIII § 4.
4. Fleury. *Institution au droit français*, 3ᵉ partie ch. XI. Servitudes

Chiffert   2

Merlin, cependant ne reconnaît le caractère de servitude au droit de vaine pâture que lorsqu'il est constitué par un titre, et que les propriétaires ne peuvent s'y soustraire par la clôture. Autrement, c'est-à-dire dans le cas de la vaine pâture coutumière telle qu'elle est régie par les lois actuelles, il ne lui reconnaît qu'un caractère de faculté, de simple tolérance.

Guyot fait une distinction analogue lorsqu'il nous dit que la permission de pâturer peut être accordée par le propriétaire de deux manières : à temps ou à perpétuité : « Au premier cas, le droit de pâturage n'est que précaire, et il ne forme, de la part du propriétaire qui le souffre, qu'une faculté dont l'exercice est entièrement subordonné à sa volonté. Au second cas, le vain pâturage est une servitude ; le propriétaire ne peut, de lui-même, s'en affranchir, et il n'y a que les moyens fixés pour l'extinction des servitudes qui puissent le faire cesser (1).

Certains auteurs ont contesté à la vaine pâture ce caractère de servitude, et ils en ont fait un droit qu'ils regardent comme une communauté de pâturage (2). Une

réelles. Voir aussi. Coquille. *Instit. au droit franç.*, titre des servit. Pothier. *Coutume d'Orléans*. tit. V. Basnage. *Cout. de Normandie*, art. 606.

1. Guyot, Rép. au mot Vaine Pâture, sect. I.

2. M. George s'exprime ainsi : « La vaine pâture et le parcours sont, à notre sens, une société de pâturage, pour l'usage de leurs bestiaux, entre les habitants et chefs d'exploitations des communes où ils existent. » (George, *Etude sur la vaine pâture et le parcours*, n° 34). Voy. aussi : Merlin. *Questions de droit*, t. XVI, p. 325 ; Proudhon, *Droits d'usage*, t. I, chap. XII, n° 399.

servitude, dit-on, consiste dans « une charge imposée sur un héritage pour l'usage et l'utilité de l'héritage appartenant à un autre propriétaire » (C. c. art. 637). Or, on ne saurait trouver, dans le droit de vaine pâture, un fonds dominant et un fonds servant. Cette objection est formulée, en particulier, par MM. Jay et Beaume. « Nous serions portés à croire, quant à nous, que ni le droit de parcours ni le droit de vaine pâture ne sont de véritables servitudes. Il n'y a de véritables servitudes que là où il existe un héritage dominant et un héritage servant ; or, dans le droit de vaine pâture aucun héritage n'est chargé plus que l'autre. Ce droit est donc, ainsi que nous l'avons défini, une association de pacage (1) ».

Nous pouvons répondre avec M. Laurent (2), que la servitude existe « au profit des héritages dont les propriétaires ont le droit de faire paître leurs bestiaux, sur les autres héritages faisant partie du territoire communal », et que la réciprocité n'empêche pas l'existence de la servitude. Nous avons donc ici un droit conforme en tous points à l'article 686 du Code civil.

M. Faye, alors ministre de l'agriculture, a affirmé, lors de la discussion de la loi de 1890, que la vaine pâture « ne s'était constituée que par suite d'une tolérance dont le droit n'a jamais été écrit, et n'a jamais été précisé, et

---

1. Jay et Beaume, *Traité de la vaine pâture et du parcours*, nᵒ 54.
2 Laurent, *Principes de droit civil*, t. VI, nᵒ 443.

qui n'a jamais eu d'autre existence légale que l'habitude invétérée qu'on avait eue de l'exercer » (1).

Nous admettons sans difficulté la première partie de cette assertion, c'est-à-dire qu'à l'origine la vaine pâture n'était qu'une tolérance, mais nous ne saurions nous ranger à l'avis de l'orateur lorsqu'il prétend que la tolérance n'est pas devenue un droit, et que ce droit n'a jamais été écrit ni précisé. Nous ne voulons pour preuve du contraire, que les nombreuses dispositions de la plupart des coutumes (2), et les ordonnances qui ont été rendues sur ce sujet, même avant la loi de 1791, qui n'a pas été la première « à opposer une restriction à la vaine pâture en permettant la clôture des héritages. » Du reste, pour que le législateur de 1791 se soit cru obligé de formuler cette restriction, il faut bien admettre que la vaine pâture était un droit, et non une simple tolérance, ainsi que le prétendait l'honorable orateur. De plus, l'art. 648 du C. c., comme l'a fait remarquer M. Bourgeois, reconnaît l'existence de ce droit, quand il dit que le propriétaire qui use de la clôture perd son droit à la vaine pâture proportionnellemeut à la surface des terrains clos.

Quant à l'auteur ancien qui disait de la vaine pâture « *fas est, jus non est* », nous verrons que sa définition ne s'appliquait qu'à la législation des pays de droit écrit, fort différente, sur ce point, de celle des pays coutumiers, ou

---

1. *J. O.*, séance du 27 février 1890.
2. Voy. Lepasquier, *Législation de la vaine pâture*, 1re partie.

tout au moins du plus grand nombre des pays coutumiers. C'est cette dernière qui a fini par prévaloir.

Enfin, nous pouvons faire remarquer, pour terminer
sur ce point, que M. Faye s'est mis en contradiction avec
lui-même, lorsqu'il se demandait, à propos du vote de la
loi, si le législateur avait « le droit de créer une nouvelle
servitude », alors que précédemment il s'était refusé à
reconnaître ce caractère au droit de vaine pâture.

On nous oppose encore un arrêt de la Cour de cassation, en date du 16 décembre 1841, arrêt dans lequel
sont employés les mots « société et communauté tacite de
pâturage » (1). Mais il nous semble que la Cour, en employant ces expressions, n'a pas eu l'intention de déterminer le caractère juridique du droit de vaine pâture,
mais simplement d'en indiquer l'origine et la base. Au
reste, ce qui prouve que la Cour n'a pas entendu contester à ce droit son caractère de servitude, c'est que le mot
servitude est employé dans le même arrêt :.... « et veut (le
code rural) que les héritages grevés de cette *servitude,* ne
puissent en être affranchis que par la clôture. »

Quant à l'argument qui consiste à dire que la loi a
aboli la vaine pâture en tant que servitude, en permettant à tout propriétaire de s'en affranchir par la clôture,
nous pouvons y répondre que, si la clôture empêche l'exercice du droit en y apportant un obstacle matériel, elle
n'en supprime nullement l'existence. Si le propriétaire

1. D. Rép. au mot Droit rural, n° 30.

enlève sa clôture, l'héritage sera de nouveau soumis à la vaine pâture, comme il l'était antérieurement, ce qui démontre bien que la clôture n'est qu'un obstacle de fait à l'*exercice* de la servitude. Il en est de même de la faculté pour le propriétaire de changer l'assolement. ou d'user d'un autre mode de culture : si la nature des plantations empêche momentanément le possesseur du droit d'exercer celui-ci, elle n'en supprime pas l'existence (Voy. *infrà*, 2e partie, chap. II). Tout ceci est, d'ailleurs, conforme aux articles 703 et 704 du Code civil : « Les servitudes cessent lorsque les choses se trouvent en tel état qu'on ne peut plus en user » (art. 703) « Elles revivent si les choses sont rétablies de manière qu'on puisse en user » (art. 704).

Nous ne nous dissimulons pas que cette argumentation, donnée par M. Laurent, ne détruit pas complètement l'objection qui nous est faite, car c'est *par sa seule volonté* que le propriétaire peut se soustraire à l'exercice du droit en usant de la clôture ; or, la servitude, par sa nature, est un droit auquel le propriétaire doit se soumettre, sans qu'il ait aucun moyen de s'y soustraire. Mais ne pourrait-on pas dire que la loi, tout en reconnaissant à la vaine pâture le caractère de servitude, a voulu donner au propriétaire du fonds asservi, un moyen de s'affranchir d'un droit qui pouvait lui sembler lourd à supporter. Tous les auteurs s'accordent pour admettre que le droit de vaine pâture à titre particulier, dont il sera parlé plus loin, est une servitude, et cependant le législateur a donné

deux moyens, non seulement de s'affranchir de son exercice, mais d'en supprimer l'existence : ces deux moyens
sont le rachat et le cantonnement.

Nous concluons donc que le droit de vaine pâture est
une servitude légale, ayant pour objet l'utilité communale, conformément à l'article 649 du C. c. ; l'article 650,
en signalant, comme servitude d'utilité publique ou communale, le marchepied le long des rivières navigables
ou flottables, n'a pas eu pour but de limiter cette classe
à cette seule servitude, mais simplement d'en donner un
exemple.

Dunod admet que le droit qui nous occupe est une
servitude mixte, *quæ debetur a re personnæ* (1) et il base son
opinion sur un jugement du parlement de Besançon, du
4 mai 1710. Le principe générateur de la vaine pâture repose sur l'association tacitement contractée entre les habitants d'une commune, pour cause d'intérêts communs (2).

Si nous examinons de près la définition et les caractères de la vaine pâture, nous découvrons que c'est une
servitude, imposée à la minorité des habitants d'une
commune par la majorité, représentée ou censée représentée par le Conseil municipal. Elle se rapproche, sous
un certain rapport, de l'usufruit, puisqu'elle consiste dans
le droit, pour les habitants d'une commune, de percevoir, pendant une certaine partie de l'année, les fruits

1. Dunod, *Traité de prescriptions*, part. I, chap. XII, p. 82.
2. Proudhon, *Droits d'usage*, n° 3660.

des héritages asservis, en les faisant brouter par leurs bestiaux ; c'est donc, en quelque sorte, un usufruit restreint dans sa durée et dans son mode de perception des fruits. D'autre part, elle emprunte certains de ses caractères à la servitude de passage, puisqu'elle suppose le droit de faire parcourir aux bestiaux les terrains asservis, de même que « la servitude de puiser de l'eau à la fontaine d'autrui emporte nécessairement le droit de passage ». (C. c. art. 696). Le droit de vaine pâture peut ainsi se décomposer, *théoriquement*, en deux servitudes, l'une personnelle, l'autre réelle, mais la première n'est que l'accessoire de la seconde, car, du moment que la seconde existe, la première doit nécessairement en découler, puisqu'elle en est le mode d'exercice.

Observons enfin qu'un propriétaire n'a pas le droit, lorsque la vaine pâture existe dans une commune, de faire paître ses bestiaux sur son propre terrain, avant l'ouverture du droit ; ce serait livrer, comme le dit Lepasquier, par anticipation, à ses propres bestiaux, une pâture à laquelle doivent participer tous ceux des autres habitants (1).

La vaine pâture semble avoir un caractère de réciprocité de propriétaire à propriétaire. Chaque propriétaire ou fermier d'une parcelle du territoire communal, accorde tacitement aux autres, le droit de passage sur les terrains dont il jouit, en retour du même droit, accordé par ces

1. Lepasquier, *Législation de la vaine pâture*, p. 126 et 127.

derniers, sur leurs propriétés. Mais si la réciprocité paraît être la base, et pour ainsi dire la raison d'être de la vaine pâture, elle n'en est pas un élément essentiel, puisque la loi de 1791, et après elle celle du 9 juillet 1889, donnent à « tout chef de famille domicilié, qui ne sera ni propriétaire ni fermier d'aucun des terrains sujets à la vaine pâture », le droit de mettre sur lesdits terrains, six bêtes à laines et une vache avec son veau.

Un dernier caractère nous est signalé par l'article 10 de la loi de 1889 : « Le droit de vaine pâture doit être exercé directement par les ayants droit, et ne peut être cédé à personne ». Cette incessibilité découle, nous semble-t-il, du caractère de servitude légale que le législateur a voulu attribuer au droit de vaine pâture. S'il s'est vu obligé de maintenir une charge qu'il ne voyait pas d'un œil très favorable, il a voulu, au moins, en limiter l'exercice, et c'est pourquoi il en a interdit la cession,

Toutes ces notions sur la nature et les caractères de la vaine pâture seront mieux comprises lorsque nous aurons traité de l'origine et de l'historique. C'est, en effet, dans les auteurs anciens que nos jurisconsultes actuels, ont dû rechercher les faits et les arguments qui ont permis d'établir les différentes opinions émises à ce sujet.

CHAPITRE II

Section I. — Origine.

Le plus grand nombre des auteurs admettent que le droit de vaine pâture a son origine dans l'ancienne communauté des biens. Proudhon est de cet avis, et invoque à cet égard l'opinion de Dunod : « Il est une faculté, nous dit celui-ci, qui vient de la chose, et qui consiste à en user, lorsqu'en le faisant on ne fait aucun ou peu de préjudice à celui à qui elle appartient. C'est un reste de l'ancienne communion de biens, qui est fondé, d'ailleurs, sur l'humanité, et l'avantage de la société des hommes. Le vain pâturage que les communautés exercent sur leurs territoires, sur les terres en friches et sur les héritages des particuliers du lieu, après les fruits levés, paraît être de cette nature » (1).

Si nous admettons, en effet, conformément à l'opinion de M. Glasson, (2) et contrairement à celle de M. Fustel de Coulanges, que les invasions barbares ont eu pour

1. Dunod, *Traité des prescriptions*, part. I, chap. XII, p. 81.
2. Glasson, *Les communaux et le domaine rural*.

résultat d'amener en Gaule la communauté de certains
biens, et notamment des pâturages, nous sommes tout
naturellement conduits à penser que la vaine pâture est
un reste de cette communauté. Au moment de l'arrivée
des barbares sur le territoire de la Gaule, « les premiers
venus prenaient possession par droit de conquête, du
territoire qu'ils avaient choisi pour s'y fixer, *et en dispo-
saient au gré de leurs besoins* » (1). « A côté de la propriété de famille, les Germains pratiquaient aussi un
véritable communisme de la terre » (2). Mais l'idée de la
propriété individuelle vint bientôt combattre victorieusement ce communisme, car, ainsi que nous le dit Bouthors, « chez tous les peuples primitifs, nous rencontrons
deux tendances également impérieuses, dont l'une com-
mande le maintien de l'association, relativement à la
jouissance en commun de la propriété foncière, et l'autre le démembrement de cette même propriété, à cause
des avantages qu'elle procure à l'individu qui en jouit
privativement (3) ». Nous venons de le dire, dans la lutte
entre ces deux tendances, c'est la propriété individuelle
qui a remporté la victoire, et qui a anéanti le communisme ; il en est pourtant resté quelques vestiges, et le
droit de vaine pâture nous paraît être de ceux-là. Cette propriété individuelle s'établit définitivement sur le territoire

1. Garsonnet, *Histoire des locations perpétuelles*, p. 39.
2. Glasson, *Histoire du droit et des institutions de la France*, t. II,
p. 64.
3. Bouthors, *Sources du droit rural*, p. 49.

de la Gaule, en passant toutefois, par la copropriété de famille (1), lorsque les barbares envahisseurs : Burgondes,
Wisigoths ou Francs, furent établis solidement sur le terrain conquis, et qu'ils n'eurent plus à craindre d'être
dépossédés par des hordes nouvelles. Quand ce nouvel
état de choses eût complètement remplacé l'ancien, les
nouveaux propriétaires consentirent sans peine à laisser
subsister sur leurs terrains, un droit qui ne leur portait
pas grand préjudice, puisqu'il ne consistait que dans
la consommation de produits que le propriétaire ne récol-
tait pas.

Quoi qu'il en soit, nous ne saurions déterminer à quel
moment exact la vaine pâture a fait son apparition sur
le territoire français, et à partir de quelle époque elle a
existé comme droit distinct, ayant ses règles à lui. Le
peu d'importance des très anciens monuments législatifs,
et leur silence presque complet sur cette matière, ne
permettent de faire, à ce sujet, que des hypothèses plus
ou moins bien fondées. Ce que l'on s'accorde généralement à reconnaître, c'est que la vaine pâture n'a été, à
l'origine, qu'une simple tolérance de la part des propriétaires, tolérance qui s'est transformée en droit par
l'usage immémorial.

On pourrait aussi, en considérant les herbages que
produit le terrain après la récolte, comme *res derelictœ*,
dire que les étrangers se les appropriaient par occupa-

1. Garsonnet, *op. cit.*, p. 196.

tion, conformément aux règles du droit romain, mais cette solution ne suffirait pas à expliquer le mode spécial de perception, qui consiste à conduire les bestiaux sur les terrains soumis au droit, et pour lequel on est forcé de faire intervenir l'idée d'une tolérance de la part du propriétaire. Cette idée d'acquisition par occupation parait avoir été celle de Loysel, quand il nous dit que, lorsque les fruits sont enlevés, « la terre, *par une espèce de droit des gens*, devient commune à tous les hommes, riches ou pauvres également » (1).

Section II. — Historique

§ 1er. *Première période. — Jusqu'à la période révolutionnaire.* — En droit romain, les textes sont muets sur la vaine pâture, et ce droit semble ne pas avoir existé, du moins avec les caractères spéciaux qu'il possède dans le plus grand nombre de nos anciennes coutumes, et dans la législation française actuelle. Nous savons bien que les pâturages de l'*ager publicus* étaient communs entre tous les habitants, qui pouvaient par conséquent y conduire leurs bestiaux, et que cette communauté ne cessa que lorsque ces pâturages furent accaparés par les riches; mais ce n'était pas là le droit de vaine pâture : c'était plutôt un droit de vive pâture ; l'Etat, propriétaire des

1. Loysel, *Institutes coutumières*, n° 242.

pâturages, en accordait la jouissance à qui bon lui semblait ; les anciens propriétaires étaient considérés comme concessionnaires de leurs immeubles (1). Nous ne voyons pas qu'un droit de pâture ait jamais existé, à Rome, au profit de la généralité des habitants d'un village, sur les terres dont chacun de ces habitants, en particulier, était possesseur ; ils jouissaient de leurs terres, et en percevaient les fruits comme ils l'entendaient, sans pouvoir être inquiétés par d'autres (2). Si la réglementation adoptée par la loi Thoria a une certaine ressemblance avec la réglementation de la vaine pâture, elle a pour objet un droit tout différent.

En ce qui concerne les mesures législatives prises à propos de notre droit, dans la période féodale, nous devons suivre la division ordinaire du territoire en pays de droit écrit et pays de coutumes.

Dans le pays de droit écrit, la vaine pâture n'est pas réglementée par les lois ; elle est restée, d'après Dunod et Merlin, ce qu'elle était à l'origine, c'est-à-dire une simple tolérance de la part des propriétaires, et non un droit pour celui qui en jouit. *Fas est, jus non est* (3).

Dans les pays de coutumes, au contraire, ou plutôt dans la plupart des pays de coutumes, comme nous le

1. Glasson, *Histoire du droit et des institutions de la France*, t. I, p. 448 et suiv.
2. *Ideoque possessores vel coloni super pratis nullam molestiam patiantur* (C. Th. loi 4, liv. VII, tit. 7).
3. Dunod, *Traité des prescriptions*, part. I, chap. XII, p. 81.

verrons tout à l'heure, la vaine pâture est un véritable
droit qui a ses règles propres, règles qui, du reste,
varient avec les différentes régions et la législation adoptée dans chacune d'elles. Proudhon divise à cet égard,
les coutumes en cinq classes : 1° Celles qui ne disent
rien de la vaine pâture, comme les coutumes de Douai,
de Lille et Orchies, de Cambrai, etc. 2° Celles, peu nombreuses, qui la prohibent ; Lepasquier nous cite comme
exemple de celles-ci la chatellenie de Berg-Saint-Vinox.
3° Celles qui ne font que la permettre, et autorisent les
propriétaires à y soustraire leurs héritages comme ils
veulent ; de ce nombre est la coutume de Lorraine (1).
4° Celles qui exigent la clôture pour y soustraire un
terrain ; ce sont les plus nombreuses, et ce système se
rapproche beaucoup des règles adoptées par la législation actuelle. Nous pouvons citer comme exemple les
coutumes de Nivernais (2), de Bretagne (3), etc. 5° Enfin celles qui n'admettent pas même le droit de s'y soustraire par la clôture, ou qui ne permettent au propriétaire de clore qu'une partie de son héritage, comme par
exemple la coutume du Boulonnais (4), et cela parce que,
comme le dit Loysel : « S'il plaisait à tous ceux qui ont
des fonds, de les boucher et de les clore, de les mettre

1. *Cout. de Lorraine*, tit. XIV, art. 23 et 24.
2. Coquille, *Cout. du Nivernais*, tit. XIV, art. 2 ; tit. XV, art. 1.
3. *Cout. de Bretagne*, art. 393. Voy. aussi *Cout. de Blois*, art. 214,
et *Cout. d'Orléans*, art. 155.
4. *C. du Boulonnais*, art. 131 : « Chacun peut licitement enclore le
quint de son fief. »

ainsi en défense, il arriverait qu'il n'y aurait plus de vaines pâtures, et que les bestiaux de ceux qui n'auraient point de fonds périraient, ce qui serait contre le bien commun, et pernicieux à l'Etat » (1).

Parmi ces diverses catégories, en mettant à part la seconde, qui prohibe complètement la vaine pâture, nous découvrons que la première et la troisième ne reconnaissent pas le pâturage comme un droit, mais comme une simple tolérance de la part des propriétaires, et se rapprochent ainsi des règles admises dans les pays de droit écrit. Les deux dernières catégories, au contraire, reconnaissent à la vaine pâture le caractère de servitude, tel que nous le lui avons reconnu précédemment. Ces coutumes étaient de beaucoup les plus nombreuses et les plus importantes, c'est ce qui explique comment la loi de 1791 a conservé et réglementé ce droit, en admettant, toutefois, que les propriétaires, conformément aux coutumes de la quatrième catégorie, ont la faculté de s'y soustraire par la clôture.

Les coutumes diffèrent encore entre elles relativement au mode d'établissement de notre droit ; les unes, comme la coutume de Bourgogne et celle de Nantes, n'admettaient l'existence du droit que s'il est établi par titre ; elles montraient ainsi une plus grande rigueur que la loi de 1791 ; d'autres, comme la coutume d'Orléans, admettaient, comme mode d'établissement, non seulement le

1. Loysel, *Institutes coutumières*, no 242.

titre, mais encore l'usage immémorial ; enfin une troisième catégorie mentionnaient l'acquisition du droit par
la prescription de trente ans ; citons à titre d'exemple la
coutume de Lorraine (1).

Enfin, la plupart des législations locales déterminaient
le moment à partir duquel la vaine pâture pourrait
s'exercer sur les prés : la règle générale, d'après Loysel,
est que « prés sont défensables depuis la mi-mars jusqu'à
la Toussaint » ; cette règle varie, bien entendu, ainsi
que toutes les autres, avec les Coutumes : celle de
Poitou, par exemple, divise les prés en deux catégories ;
les prés gagnaux ou de regain, pour lesquels la défense
va de la Chandeleur à la Saint-Michel, et les non gagnaux
qui sont en défense depuis le 1er mars jusqu'à ce que
l'herbe, c'est-à-dire le regain, soit enlevé du pré. La coutume d'Orléans met les prés en défense depuis la mi-mars
jusqu'à la Saint-Remy. Plusieurs autres, comme celle de
Boulonnais, celle de Tourraine et celle de Blois, fixent à
la défense un point de départ, qui est ordinairement la
première quinzaine mars, et ne lui fixent comme limite
que la fauchaison.

Il nous reste maintenant à mentionner les différents
édits royaux qui se sont occupés de la question : celui de
juillet 1868, pour la province de Franche-Comté, permet
aux propriétaires de clore leurs héritages, de quelque nature qu'ils soient, et en telle quantité qu'ils le jugeront

---

1. *Cout. de Lorraine*, titre XIV, art. 23.

bon, et par ce moyen de les affranchir de la vaine pâture.
Ceux de août 1769 pour le duché de Bar, de février 1770
pour le Béarn, de mars 1780 pour les territoires de No-
gent et Villiers-sur-Seine, et enfin de mai 1771 pour le
Hainaut, reproduisent à peu près les mêmes dispositions.
Ce dernier abolit le parcours et autorise, comme moyen
de se soustraire à l'exercice du droit, la clôture, sans
prohiber les autres modes plus simples, dans les pays où
ils sont en usage (art. 1, 2 et 5) (1).

Notre étude serait incomplète si nous ne disions quelques mots des privilèges seigneuriaux, qui, en notre matière comme en beaucoup d'autres, ont joué un rôle im-
portant sous la féodalité. Dans le plus grand nombre des
pays, le seigneur a droit à la vaine pâture sur le territoire de son fief, comme premier habitant, et peut mettre
dans les pâturages publics, autant de bétail que les deux
habitants qui en ont le plus.

En Normandie et en Bretagne, les terres seigneuriales
échappent à la vaine pâture. En Provence les seigneurs
ont une autre prérogative : Dans le cas où un seigneur a
fait paître ses bestiaux dans les terres défensables, il n'est
point passible, comme le sont ses vassaux, de la *peine
du ban*, c'est-à-dire qu'il ne peut être condamné à payer
les amendes imposées soit par les délibérations de communautés, soit par les règles législatives ; il ne doit que
la réparation du préjudice causé.

1. Voy. Merlin, *Répertoire*, au mot Vaine pâture, p. 403.

Les seigneurs cherchèrent à acquérir encore de nouveaux privilèges ; ils prétendirent d'abord à la propriété des terres gastes et incultes, situées sur le territoire de leurs seigneuries ; cette prétention fut cependant rejetée par la jurisprudence, après avoir été d'abord vivement combattue par Dumoulin, qui reste fidèle en cela à son système de guerre sans merci contre les privilèges des seigneurs. Ceux-ci réussirent pourtant, du moins dans certaines contrées, à obtenir une redevance que l'on a appelée *Blairie*, et moyennant laquelle les troupeaux pouvaient circuler sur les chemins et y pâturer (1).

Tous ces privilèges plus ou moins exhorbitants, ont été abolis dans la fameuse nuit du 4 août.

Puisque nous parlons ici de règles d'exception et des prérogatives en matière de vaine pâture, nous ne pouvons passer sous silence la faveur qui, de temps immémorial, était accordée aux bouchers de Paris, de faire paître les bestiaux destinés à l'approvisionnement de la capitale, sur les territoires des communes de la banlieue. Des lettres patentes et des arrêts de règlements des 28 septembre 1778, 1er juin 1782, 3 septembre 1784, les ont mis en possession de ce droit, qui cependant à été l'objet de contestations, ainsi qu'en témoigne un jugement de 1803 (2).

La nécessité où se trouvaient les habitants des cam-

1. Voy. La Poix de Fréminville, *Pratiques des terriers*, t. III, p. 438 et 449.
2. V. Lepasquier, *Législation de la vaine pâture*, p. 198.

pagnes de protéger leurs bestiaux contre les déprédations des seigneurs, a été l'une des causes qui ont contribué le plus au maintien de la vaine pâture sous l'époque féodale. En faisant paître les animaux en troupeaux communs, il était plus facile de les garder efficacement (1).

§ 2. *Deuxième période,* — *Depuis la période révolutionnaire jusqu'à nos jours.* — Pendant la période révolutionnaire, la vaine pâture a été l'objet de plusieurs décrets ou lois, qui ont eu pour but de résoudre certaines difficutés et de compléter certaines règles :

Par un décret des 26-30 juin 1790, l'Assemblée Nationale déclare qu'elle n'a rien innové « aux dispositions coutumières, règlements et usages antérieurs, à la défense des prés ». Ce décret avait été rendu parce que plusieurs personnes prétendaient avoir droit à la vaine pâture sur les prés, immédiatement après l'enlèvement du premier fruit, et émettaient la prétention d'apporter un obstacle au droit que les propriétaires avaient, d'après l'usage des lieux, de se clore. Il n'a, en somme, que l'intérêt d'une décision de jurisprudence, puisqu'il n'apporte au point de vue législatif, aucune innovation aux règles de la vaine pâture.

Quelques semaines après (12-20 août) la même assemblée publie une instruction invitant les autorités administratives, à porter leur attention sur cette matière. Nous lisons au chapitre 6 de cette instruction : « Les avantages

1. Daguin. *Annuaire de législation française,* 1889, p. 142.

et les inconvénients de la vaine pâture et du droit de parcours doivent aussi fixer l'attention des administrations ; il faut considérer les deux usages sous tous les rapports par lesquels ils peuvent influer sur la subsistance et la conservation des troupeaux ; il faut balancer avec sagacité l'intérêt qu'y attache le petit propriétaire de la campagne, l'abus que le riche fermier en fait trop souvent, et l'obstacle qu'il apporte à l'indépendance des propriétés ».

Le décret des 13-20 avril 1791, n'apporte également aucune modification législative sur ce point, si ce n'est qu'il supprime les redevances dues aux seigneurs à raison de la vaine pâture. Il invite en même temps les comités de constitution des domaines et de l'agriculture, à présenter à l'assemblée leurs vues sur la nature des preuves d'après lesquelles doivent être fixées les droits de vaine pâture et de parcours (art. 10). Le législateur faisait ainsi prévoir, et préparait, la loi du 6 octobre 1791, qui devait définitivement régler la question.

Cette loi, qui s'occupe des biens et usages ruraux, et de la police rurale, traite dans sa section IV, des troupeaux, des clôtures, du parcours et de la vaine pâture. Nous savons qu'elle a été modifiée par les lois du 9 juillet 1889 et du 22 juin 1890, mais certaines de ses règles subsistent encore, et c'est la combinaison de celles-ci avec les règles nouvelles, qui doit faire l'objet principal de notre étude.

Si la loi rurale n'a été votée qu'en 1889, ce n'est pas

qu'elle n'ait été, de la part des représentants du peuple, l'objet d'une certaine sollicitude, qui s'est manifestée, de 1791 à 1889, par l'élaboration de plusieurs projets de Code rural, dont aucun, du reste, n'a reçu la consécration législative. Nous devons constater que ces différents projets avaient tous pour but la suppression plus ou moins radicale de la vaine pâture et surtout du parcours, qui subsistait toujours *provisoirement* depuis 1791. La première tentative de Code rural, dont nous retrouvions la trace, est celle de 1808 : « Un projet de loi fut présenté, une vaste enquête fut organisée dans tout l'empire français ; dans chaque ressort de cour d'appel furent instituées des commissions consultatives, qui, par leur constitution même, par le nombre et par la compétence de leurs membres, peuvent être comparées aux commissions les plus puissamment organisées de notre temps. Les travaux de ces commissions, tous les avis recueillis, furent centralisés, et on les trouve condensés dans le rapport remarquable présenté par M. de Verneilh. Le rapport concluait à l'abolition complète de la vaine pâture (1) ». Malgré les utiles améliorations qu'aurait pu apporter la nouvelle loi, elle ne fut même pas l'objet d'une discussion. Ce sont les malheureux événements de 1814 qui ont empêché cette discussion.

En 1836, M. de Magnoncourt présente une proposition de loi tendant à l'abolition complète de nos deux

1. Discours de M. Xavier Blanc au Sénat, à la séance du 26 mai 1878. Voy. aussi Lepasquier, chap. III.

servitudes ; cette proposition, profondément modifiée
par les commissions fut abandonnée après deux ans de
discussion.

Un projet de loi, qui a été voté définitivement le
26 juin 1854, supprime le droit de vaine pâture en Corse.
Nous devons en dire quelques mots, car il n'est pas resté,
comme les précédents, à l'état de simple projet, et cette
loi nous paraît être le prélude de celle de 1889. La suppression est prononcée, et doit être réalisée dans le délai
d'un an. Cependant, le législateur permet aux conseils
municipaux de demander la prorogation de ce délai d'un
an, fixé par l'article 2 ; cette prorogation peut être accordée par arrêté du préfet, rendu en conseil de préfecture,
pour trois ans seulement, mais peut être renouvelée. Les
raisons qui ont entraîné cette suppression pour la Corse,
alors que les droits de vaine pâture et de parcours étaient
maintenus en France, nous sont données dans le rapport
de M. de Saint-Hermine : « Ce que l'on appelle, dans les
départements continentaux, parcours, servitude limitée,
définie, et fondée sur la réciprocité de deux communes
l'une sur l'autre, n'est, en Corse, que l'irruption des
troupeaux et des bestiaux de qui que ce soit, sur les
communes voisines, sans distinction de limites ; c'est
l'invasion, le passage qui s'opère deux fois par an à tra-
vers les territoires de toutes les communes, lors des mi-
grations des troupeaux de la montagne à la plaine et de
la plaine à la montagne, suivant les saisons. » Quant à
la vaine pâture, dit encore le rapport, « en Corse c'est la

prétention, malheureusement mise en pratique, par tout individu à qui il plait d'avoir un troupeau, sans être propriétaire de la moindre parcelle de terrain, de l'envoyer sur les terres de tous les cultivateurs, sans aucune précaution prise, même pour ménager les arbres » (1).

Pour réprimer ces graves abus, le législateur a employé le moyen radical de la suppression de la vaine pâture et du parcours, suppression qui, pour le parcours tout au moins, avait déjà fait l'objet d'un édit de juillet 1771 ; mais cet édit n'était pas appliqué, à cause de la situation de l'île, dont la possession était toujours incertaine et contestée. Le droit de vaine pâture entre particuliers était conservé par cette loi, mais était déclaré rachetable conformément à l'art. 8, section 4, titre 1er, de la loi de 1791.

En 1858, une nouvelle tentative fut faite par le comte de Casabianca, tentative qui fut appuyée, en 1863 et 1864, par un grand nombre de pétitions demandant au Sénat la suppression de la vaine pâture et du parcours.

En 1869, le Conseil d'Etat produit un projet qu'il avait longuement élaboré, et commence une enquête administrative pour connaître l'opinion des conseils municipaux sur la question ; la guerre franco-allemande de 1870 vint interrompre le travail.

Enfin, le 13 juillet 1876, M. Tesserenc de Bort, ministre de l'agriculture. MM. de Marcère, ministre de l'in-

1. Duvergier, *Lois et décrets*, t. LIV. p. 367.

térieur, et Christophle, ministre des travaux publics, présentent au Sénat un projet de loi, qui, après de très longs retards, devait aboutir au vote de la loi de 1889. Ce projet fut adopté par le Sénat, après rapport de M. Malens, les 9 mars et 25 mai 1878. Il ne fut présenté à la Chambre que le 19 février 1881, et ici, plus encore qu'au Sénat, la discussion traîna en longueur, à un tel point que la loi ne fut votée définitivement par les députés que le 7 mars 1889, après différents rapports de MM. Casimir Périer (13 juillet 1882) et Chavoix (27 juillet 1883), de M. Boreau-Lajanadie (29 mars 1888), rapport fait sur une nouvelle présentation de la loi du 15 février 1886.

Après toutes ces péripéties, le projet revint au Sénat, qui l'adopta sans discussion, le 2 juillet. sur un rapport de M. Peaudecerf.

Malgré cette extrême lenteur, qui pouvait faire espérer le vote d'une loi longuement murie, et tranchant définitivement la question, le 21 novembre 1889, c'est-à-dire moins de cinq mois après le vote définitif de la loi, M, Bourgeois (du Jura) présentait à la Chambre un nouveau projet, modifiant le premier sur plusieurs points ; il devait être adopté le 27 février 1890, transmis au Sénat le 28, adopté par celui-ci, avec quelques modifications, après deux délibérations, le 22 mai, voté définitivement par la Chambre le 14 juin, et promulgué le 22.

CHAPITRE III

Si nous recherchons l'idée fondamentale de chacune des lois de 1889 et de 1890, nous découvrons que la première a eu pour but la suppression de la vaine pâture, avec faculté de rétablissement, mais ce rétablissement ne pouvait jamais avoir lieu sur les prairies naturelles ; la seconde, au contraire, change, sur ce point, la règle précédemment admise. Les raisons qui ont milité en faveur de chacune de ces lois, sont donc tout à fait différentes ; nous allons chercher à en donner un aperçu.

Section I. — Causes de la loi de 1889

Dès longtemps déjà les auteurs étaient hostiles à la conservation du droit de vaine pâture ; il a, de tout temps, rencontré des ennemis acharnés. Proudhon était partisan de sa suppression : « C'est, dit-il, une mauvaise routine à laquelle tiennent les habitants peu éclairés, mais dont les agronomes s'accordent à reconnaître l'inu-

tilité et les inconvénients (1). » De même, Merlin, tout
en admettant le droit, le critique ainsi : « Si l'on s'ar-
rête aux principes de la loi naturelle, le droit de vaine
pâture est souverainement injuste ; il blesse la distinction
des propriétés ; il gêne, il détruit même la liberté qu'a
tout propriétaire de disposer de ses héritages à son
gré (2). » En 1821 M. Mathieu de Dombasle présentait à
la société d'agriculture de Nancy un mémoire, où il expo-
sait, contre cette servitude, de nombreux griefs parmi
lesquels nous relevons-ceux-ci :

« Le droit de vaine pâture forme le plus grand obstacle qui s'oppose à toute amélioration dans le système de
culture des terres arables ou des prés.

« Non seulement la vaine pâture est inutile aujour-
d'hui pour l'entretien des bestiaux, mais en la supprimant, on pourrait en entretenir un plus grand nombre,
et en tirer un plus grand profit, ainsi qu'une grande
quantité d'engrais ; ces assertions sont justifiées par
l'exemple des pays où la vaine pâture n'a pas lieu.

« La suppression de ce droit serait aussi avantageuse
à la classe ouvrière et peu aisée des campagnes, qu'aux
propriétaires et aux cultivateurs » (3).

« La suppression complète du droit de vaine pâture,
nous dit un autre, serait une mesure désirable, que l'in-

1. Proudhon, *Droits d'usage*, tit. I, chap. XII, nº 346.
2. Merlin, *Questions de droit : Vaine pâture*, § 1.
3. Mémoire de M. Mathieu de Dombasle, présenté à la Société
d'agriculture de Nancy, le 21 avril 1821.

térêt bien entendu de l'économie rurale justifie amplement » (1).

Chaque fois que le législateur a eu à s'occuper de la
question, les rapports qui ont été faits sur ce point
étaient défavorables à la vaine pâture, et, s'ils n'en de-
mandaient pas la suppression radicale, ils cherchaient
du moins à la restreindre le plus possible. « Il serait
tout aussi logique, nous dit M. Casimir Périer dans son
rapport fait à la séance de la Chambre, le 13 juillet 1882,
de faire disparaître la vaine pâture, que de supprimer le
droit de parcours ; mais une disposition formelle se
heurterait peut-être, dans certaines régions, à des usages
séculaires, et à des intérêts respectables, car c'est le
cultivateur le plus modeste et le moins aisé qui se trou-
verait vraisemblablement atteint (2). » Déjà, au moment
du vote de la loi de 1791, le rapporteur estimait qu'il
était nécessaire de diminuer le mauvais effet du parcours
et de la vaine pâture, d'en modérer l'extension, et de
venir ainsi au secours de la culture et de la liberté ; mais
il se contentait pour arriver à ce résultat, de demander
que le propriétaire puisse se soustraire à l'exercice de
ces servitudes par la clôture. Le législateur de 1889 a
été beaucoup plus loin.

M. Malens, dans son rapport qu'il fit au Sénat, à la
séance du 22 février 1878 (3), constate que la vaine pâ-

1 L. Say et J. Chailley. *Dictionnaire d'économie politique*, au mot
Vaine pâture.

2. *J. O.*, décembre 1882, Chambre, Annexes, p. 2629.

3. *J. O.* du 10 mars 1878.

ture et le parcours n'existent que dans quelques départements, et sur quelques points du territoire français. Quant au parcours, nous avons déjà fait observer que sa suppression a été radicale, et assez facilement acceptée, c'est pourquoi nous ne nous en sommes point occupé dans le cours de cette étude. M. Malens nous donne les causes de cette abolition : Les territoires des paroisses, nous dit-il, étaient enchevêtrés les uns dans les autres, et les habitants avaient intérêt à ne pas soulever de difficultés sur les limites d'une possession presque illusoire et très équivoque. Même après la nouvelle division administrative du territoire en communes, on devait encore tenir compte de l'ancienne, et ne pas rompre brusquement avec les habitudes des populations rurales. C'est pourquoi la loi de 1791, tout en n'étant pas favorable à la servitude de parcours, avait cru devoir la maintenir provisoirement (art. 2). Ces raisons n'existent plus à notre époque, et le gouvernement propose d'abolir complètement le droit de parcours. Pour la vaine pâture, la commission ne veut pas, comme l'ont fait les projets de 1810 et 1856, demander une suppression aussi radicale, bien que cette suppression soit réclamée par la majorité des conseils généraux, et bien que, ainsi que nous le dit le rapporteur, on reproche à la vaine pâture « d'avoir maintenu des entraves à la liberté des héritages, liberté proclamée en principe, et supprimée en fait, par le respect d'usages surannés, plus nuisibles qu'utiles, même à ceux qui étaient présumés en profiter. » La nature peu fertile du sol qui ne pouvait être utilisé réellement que pour le pâturage, et le peu de densité de la population, dans les pays où notre servitude existait encore, ont décidé le gouvernement à proposer une mesure intermédiaire qui consistait, tout en laissant subsister le droit, à en autoriser la suppression, dans tout ou partie d'un département, par délibération du Conseil général, approuvée en Conseil d'Etat, délibération prise après avoir entendu préalablement les conseils municipaux.

Cette rapide analyse du rapport nous montre que l'hostilité du législateur contre la vaine pâture, était tempérée par des considérations d'intérêt local, et qu'il avait compris la difficulté de donner une règle radicale et uniforme pour un droit dont les avantages et les inconvénients peuvent varier beaucoup suivant les différentes régions.

A la deuxième délibération, qui eut lieu au Sénat, le 26 mai de la même année 1878 (1), M. Xavier Blanc proposa un amendement qui avait pour but l'abolition de la vaine pâture sur les prairies naturelles, même après la fauchaison de la première herbe, en même temps que sur les prairies artificielles et les terrains ensemencés, ainsi qu'il avait été décidé par l'art. 5 précédemment voté. C'était un grand pas fait, en même temps que la plus importante des réformes proposées jusque-là ; c'est celle-là qui entraîna le vote de la loi de 1890, ainsi que nous pourrons nous en rendre compte plus tard. M. Xavier

1. *J. O.* du 26 mai.

Blanc nous donne les raisons qui l'ont poussé à demander
que les prairies naturelles fussent affranchies de cette
« funeste sujétion ». Il invoque d'abord les précédents
législatifs, qui tous, dit-il sont favorables à sa thèse. Par-
tout où la vaine pâture a été supprimée, on n'a eu qu'à
se louer de cette suppression, ce qui prouve l'utilité de
la réforme. En Corse, en particulier, qui était le pays
par excellence de la vaine pâture, l'on pouvait s'attendre
à des réclamations violentes, après le vote de la loi de
1854 ; ces réclamations eurent lieu, mais plus tard on
en arriva « à bénir cette loi bienfaisante qui affranchis-
sait la culture du sol de toutes ses lisières. » Il semble
donc démontré, pour l'honorable sénateur, que la suppression radicale de la vaine pâture serait un grand bien,
mais il ne veut pas aller jusque-là, et demande simplement la suppression sur les prairies naturelles. L'a-
griculture a, depuis 1791, époque où a été votée la loi
rurale qu'il s'agit de réformer, fait de très grands progrès. A ce moment, nous dit l'orateur, on établissait une
distinction entre les prairies artificielles, qui étaient le fruit
du travail de l'homme, et les prairies naturelles, dont les
produits poussaient sans le secours de la main-d'œuvre ;
il s'agissait de ne pas décourager et entraver la création
des premières, en les soumettant à une lourde servitude.
Ce que l'on protégeait, c'était surtout le travail de
l'homme. Aujourd'hui cette distinction a beaucoup moins
d'importance, car les prairies naturelles elles-mêmes
sont l'objet des soins et des améliorations des agricul-

teurs ; leurs produits sont la base indispensable de l'alimentation du bétail ; il s'agit donc de ne pas gaspiller ces produits. Les prairies naturelles donnent un second fruit, dont la récolte est abondante ; et dont les propriétés nutritives, pour le bétail, sont même supérieures à celles du premier fruit ; au dire de l'orateur, il y a plus d'avantages à récolter ces secondes herbes, qu'à les faire brouter sur place par les bestiaux.

Malgré l'hostilité de M. Malens, rapporteur de la loi, et de M. Labiche, cet amendement fut adopté par le Sénat, et le droit de vaine pâture sur les prairies naturelles définitivement supprimé, et ne pouvant jamais être rétabli.

Lorsque, en 1888, le projet voté par le Sénat fut proposé à la Chambre des Députés, M. Boreau-Lajanadie, rapporteur, fut favorable, au nom de la commission dont il faisait partie, à l'amendement de M. Xavier Blanc. Cette suppression du droit sur les prairies naturelles, il la considérait comme une conséquence nécessaire des progrès de l'agriculture ; la prairie naturelle, en effet, toujours en état de production, ne laisse aucune vacance pour la vaine pâture.

La loi fut voté avec l'amendement proposé.

En résumé donc, nous voyons que, lorsque le législateur a voté la loi de 1889, il a été influencé par deux considérations principales ; il a d'abord voulu se rapprocher le plus possible de la liberté absolue qu'il reconnaît à un propriétaire d'user de sa chose comme il l'entend, et cela en dehors de toute considération d'intérêt agricole ou autre ; de plus, il a jugé que la suppression de la servitude, même sur les prairies naturelles, était utile à l'agriculture, et favorable à son développement.

Pour ce qui est de la liberté absolue, pour le propriétaire, de disposer de sa chose, elle souffre des restrictions nécessaires ; ces restrictions ont pour cause l'intérêt général de la société, ou d'une communauté d'individus, intérêt qui doit céder toujours le pas à l'intérêt privé, lorsqu'il se trouve en conflit avec celui-ci ; c'est ce qui nous explique l'existence des servitudes légales. Le droit de vaine pâture, que nous avons rangé dans cette catégorie, n'a pas paru d'une nécessité suffisante pour justifier sa conservation, et le législateur a saisi l'occasion de supprimer l'une des entraves qu'il supporte toujours à regret.

Quant à la question des obstacles que l'exercice du droit apporte au développement de l'agriculture, nous avons vu que le plus grand nombre des auteurs étaient d'accord sur ce point ; de plus, en 1853, soixante-dix-sept départements avaient demandé la suppression de la vaine pâture, et onze seulement avaient été favorables à son maintien.

Section II. — Causes de la loi de 1890

Si la loi de 1889 avait été votée définitivement telle qu'on l'avait d'abord proposée au Sénat, la suppression de la vaine pâture aurait été facilement acceptée, même par ses partisans, car les autorités locales auraient eu le pouvoir de rétablir le droit, à leur gré, tel qu'il existait auparavant. C'est donc l'amendement de M. Xavier Blanc qui a soulevé les difficultés ; ce que l'on ne voulait point admettre, c'était la suppression de la vaine pâture sur les prairies naturelles. Nous avons donc à rechercher quelles ont été les causes de cette hostilité ; elles nous sont révélées, pour la plupart, par la proposition de M. Bourgeois (1), et les différents rapports qui ont été faits au Parlement à ce sujet. Remarquons tout d'abord que la modification a été proposée par un groupe de députés faisant presque tous partie des départements de l'Est ; nous allons voir, en effet, que c'est surtout dans cette région que se sont rencontrées les circonstances et l'état des choses qui militent en faveur de la conservation du droit de vaine pâture sur les prairies naturelles, et que c'est de là que sont venues les plaintes les plus nombreuses et les plus vives.

La loi de 1889 dérogeait tellement aux usages établis, que, malgré la précision de l'article 5, les populations rurales ne pouvaient croire à la suppression définitive de la vaine pâture ; le ministre de l'agriculture dut alors, ainsi que le constate M. Bourgeois dans son rapport (2), dissiper les incertitudes par une circulaire du 17 septembre 1889, donnant à la loi son véritable sens.

1. *J. O.*, Chambre, Annexes, p. 189.
2. *J. O.*, Chambre, Annexes, 1890, p. 282.

Les auteurs de la loi de suppression, en déclarant que la vaine pâture était funeste à l'agriculture, et contraire aux intérêts des agriculteurs, avaient porté sur ce point un jugement qui nous paraît beaucoup trop absolu; ils avaient aperçu les inconvénients de la servitude sans en distinguer suffisamment les avantages ; ils avaient jugé que, le plus souvent, les premiers l'emportaient de beaucoup sur les seconds; mais ils avaient eu le grand tort de généraliser une théorie ayant, à la vérité, pour base, un principe exact, et de voter une disposition unique, s'appliquant à tout le territoire français, malgré la diversité des régions et des modes de culture.

Parmi les avantages généraux que peut procurer l'exercice de notre droit, il en est qui sont admis par un grand nombre d'agriculteurs, mais dont le degré d'utilité est différemment apprécié par ceux-ci.

Les bestiaux laissent, sur les terrains où ils pâturent, un engrais qui, l'année suivante, fait pousser l'herbe plus drue; de plus, le pâturage tasse le terrain et fait disparaître la mousse, ou tout au moins nuit dans une très large mesure, à son développement; celle-ci, dans les terrains humides surtout, est contraire à la fertilité du sol, et empêche les plantes fourragères de croître. On peut nous objecter que, lorsque le terrain est très humide, et détrempé par les pluies, le pied des bestiaux lui est plus nuisible qu'utile; il en détruit la régularité, et les empreintes laissées rendent plus pénible la fauchaison pour l'année suivante. Cet inconvénient peut être facilement écarté ; il a été prévu par la loi ; elle donne aux conseils municipaux le pouvoir de suspendre momentanément, dans ce cas, l'exercice du droit de vaine pâture ; si la mesure n'a pas été prise en temps utile, c'est aux autorités locales qu'il faut reprocher leur peu de vigilance, et non au législateur.

Nous avons dit que le jugement de ceux qui regardaient la vaine pâture comme nuisible à l'agriculture était trop absolu. En effet, parmi les circonstances qui peuvent faire prévaloir les avantages de la servitude sur ses inconvénients, il en est une qui se rencontre en France dans un certain nombre de régions, c'est le morcellement de la propriété ; il existe notamment dans l'Est et le Nord-Est : en Franche-Comté, en Bourgogne, en Champagne, en Lorraine, etc. ; c'est ce qui explique que les réclamations parvenues, en 1890, au ministre de l'agriculture et aux députés, soient parties, pour la plupart, de cette région, ainsi qu'en témoignent les délibérations des conseils généraux de l'Aube, de l'Yonne, de Saône-et-Loire, et les pétitions d'un assez grand nombre de communes de la Côte-d'Or, de la Haute-Marne et de la Haute-Saône. M. le baron de Lareinty, à propos du morcellement, cite également, à titre d'exemple, une commune de la Loire-Inférieure où une prairie de 400 hectares est divisée entre 1.100 et quelques propriétaires (1).

Nous allons essayer de faire comprendre comment ce

1. *J. O.*, Sénat, *in extenso*, séance du 22 mai 1890.

morcellement est une des causes les plus importantes,
parmi celles qui ont fait demander le rétablissement de
la vaine pâture sur les prairies naturelles. Prenons un
exemple ; Un propriétaire possède cinq hectares de
prairie, répartis en sept ou huit parcelles, disséminées
sur toute l'étendue du territoire communal. Il est certain
qu'il lui faudra beaucoup plus de temps, pour récolter
les secondes herbes, que si les cinq hectares étaient d'un
seul tenant, et cela, d'abord à cause de la difficulté d'employer des machines agricoles, vu l'exiguité du terrain,
et ensuite à cause des pertes d'instants considérables
qu'exige la nécessité de se rendre d'une propriété à une
autre. Or, on ne peut se dissimuler que, au moment de
la récolte des regains, c'est-à-dire vers le mois de septembre, les instants sont d'autant plus précieux que les beaux
jours sont souvent assez rares, surtout dans la région de
l'Est, qui nous occupe plus particulièrement, et que
l'herbe, qui n'est point arrivée à maturité, est plus longue
à sécher. Il ne suffit pas, en effet, que le terrain produise
une récolte, il faut, de plus, que le propriétaire puisse
la percevoir et en profiter. Ce propriétaire se verrait assez
fréquemment obligé, faute de temps, d'abandonner une
partie de son fourrage ; il préfère de beaucoup faire pâturer
à ses bestiaux des produits qu'il craint de ne pas arriver à
récolter. On pourrait nous objecter ici que, en l'absence du
droit de vaine pâture, un propriétaire a toujours le droit de
conduire ses bestiaux au pâturage sur son propre terrain,
et que, par conséquent, il pourrait user de ce droit, s'il

le juge bon, pour utiliser les fruits de ses prairies. Mais
il ne faut pas oublier qu'il doit respecter les propriétés
d'autrui ; or, le plus souvent, les parcelles sont enclavées,
et cette enclave empêche le passage des bestiaux, qui ne
pourraient se rendre au pâturage sans fouler des terrains
couverts d'une récolte.

Nous avons vu que les seconds fruits des prairies, récoltés et engrangés, constituaient une nourriture excel-
lente, et fort utile, pour ne pas dire indispensable, aux
bestiaux pendant l'hiver. Or, nous dit-on, en permettant
la vaine pâture sur les prairies naturelles, vous privez les
cultivateurs de ces seconds fruits, et vous nuisez, par conséquent, au développement de l'élevage du bétail. Cette
objection serait, en effet, très sérieuse, si *toutes* les prairies du territoire communal étaient mises *chaque année* en
dépaissance, mais ce cas, lui aussi, a été prévu le plus
souvent par les règlements municipaux. Ceux-ci divisent
le territoire en plusieurs parties, qui sont livrées au pâturage à tour de rôle, de sorte que tout propriétaire a,
chaque année, deux tiers par exemple, de ses prés en production de seconds fruits, alors que le dernier tiers est
soumis au pâturage ; cela, pourvu, bien entendu, que
les différentes parcelles qu'il possède soient réparties
d'une manière à peu près égale sur tout l'ensemble du
terriloire communal ; nous devons ajouter que, dans les
pays de morcellement, le plus grand nombre des propriétaires sont dans ce cas. Ils jouissent donc en même temps

des avantages de la vaine pâture, et de ceux que peut leur procurer la récolte du regrain.

Il est vrai que, dans certaines communes, le peu d'étendue des prairies ne permet pas de faire cette division, car, si elle était faite, les terrains soumis chaque année à la vaine pâture seraient absolument insuffisants à nourrir le bétail que l'on y conduirait. Mais, le plus souvent, dans ces communes, le conseil municipal a usé du droit que lui a accordé le législateur, de supprimer, ou plutôt de ne pas rétablir le droit sur les prairies naturelles, et il s'est contenté de le laisser subsister sur les terrains cultivés, après l'enlèvement de la récolte. De plus, il faut bien remarquer que, dans le cas où les prairies sont peu étendues, les bestiaux sont aussi peu nombreux, à moins que les habitants ne trouvent, à proximité, c'est-à-dire, sur les territoires communaux voisins, des prés qu'ils pourront louer et récolter pour la nourriture de leur bétail. En un mot, le nombre des bestiaux d'une commune est ordinairement proportionné à l'étendue des prairies naturelles, car, si les produits des prairies artificielles sont d'un grand secours pour l'alimentation du bétail, ils ne peuvent en former la base unique.

Nous pouvons ajouter que le pâturage est favorable à la santé du bétail, et contribue à l'abondante production du lait.

On prétend que la vaine pâture est une lourde charge à supporter par le propriétaire du terrain. Il est incontestable que cette charge serait fort lourde, si ce propriétaire n'était pas appelé à profiter des avantages de la servitude. Mais cherchons à nous rendre un compte exact des sacrifices qui sont imposés à celui-ci, et des bénéfices qu'il retire de l'exercice du droit, et faisons-en la balance. Prenons comme exemple une commune dans laquelle 1/3 du territoire est soumis chaque année au pâturage ; le propriétaire récoltera les premiers fruits de tous ses prés, plus les seconds fruits des 2/3 sur lesquels ne s'exerce pas, cette année-là, la servitude. La seconde récolte est, incontestablement, moins abondante que la première ; elle a une valeur que les agriculteurs estiment ordinairement aux 2/3 de la valeur de la première ; c'est donc, un maximum de 1/8 de sa récolte totale que le propriétaire sacrifie. En retour de ce sacrifice, ses bestiaux sont nourris par le pâturage pendant au moins trois mois de l'année ; or, si nous admettons qu'un propriétaire ou un fermier (car ce que nous disons du propriétaire s'applique également au fermier) récolte exactement la quantité de fourrage nécessaire à la nourriture de son bétail, nous voyons que l'avantage qu'il retire de la vaine pâture compense largement le sacrifice qui lui imposé, et cela, même en déduisant la nourriture des animaux qu'il ne peut envoyer à la pâture, soit à cause de leur espèce, soit pour toute autre raison. Le seul qui souffre donc véritablement de l'exercice de notre droit, est celui qui doit le subir sans pouvoir en profiter, c'est-à-dire le propriétaire n'habitant pas la commune ; et encore il a, *théoriquement*, le droit d'envoyer son bétail au pâturage, en se conformant, bien entendu, aux règlements municipaux.

Nous venons de voir d'une façon générale, quels sont les avantages de la vaine pâture, et quels arguments on peut donner pour demander sa conservation sur les prairies naturelles. Il nous reste maintenant à étudier de plus près la discussion de la loi de 1890 ; nous trouverons là une nouvelle série d'arguments favorables à notre droit, et nous pourrons nous rendre compte de la grande valeur des raisonnements qui sont arrivés à triompher des objections opposées par les adversaires.

La première et la principale objection qui fut faite contre la proposition de M. Bourgeois, avait pour objet la question de droit ; les prairies naturelles, disait-on, ont été, en 1889, affranchie de la vaine pâture ; l'on ne saurait, sans violer des droits acquis, revenir sur cette discussion. et les soumettre de nouveau à la servitude. Certains propriétaires ont acheté des prairies parce qu'ils les croyaient libres de toute charge, et vous venez les grever de nouveau d'un droit qu'ils étaient autorisés à croire disparu pour jamais. Cette théorie, soutenue à la Chambre des députés par M. Faye, alors ministre de l'agriculture, et au Sénat par M. Chovet, a été victorieusement combattue par MM. Bourgeois (du Jura) et Demôle, rapporteurs. Il ne s'agissait pas de savoir si, en fait, le Parlement avait le pouvoir d'effacer par une nouvelle disposition, un texte primitivement voté par lui, car ce pouvoir, personne ne saurait le lui contester, mais on se demandait si cette modification ne causerait pas, à un certain nombre de propriétaires, acquéreurs de prairies depuis le vote de la loi précédente, un trop grand préjudice, et c'est devant ce préjudice causé que reculaient MM. Faye, Grousset et Chovet. En réalité, les inconvénients étaient beaucoup moins importants que ne se l'imaginaient les honorables contradicteurs, et il n'était nullement « impossible au législateur d'abroger une disposition qui affranchit des propriétés privées d'une sorte de servitude qui les grevait, et de rétablir cette servitude par voie législative » (1). En effet, le nombre des acquisitions de prairies devait être relativement restreint, puisqu'il n'y avait que quelques mois que la loi supprimant la vaine pâture était promulguée ; de plus, comme nous venons de le voir, le préjudice causé était, la plupart du temps, compensé par le droit pour le propriétaire de profiter de l'exercice de la servitude. Nous pouvons dire enfin, avec M. Demôle (2), que l'accusation de violer des droits acquis pouvait être portée plutôt contre la loi de 1889, qui supprimait un droit exercé de temps immémorial, que contre la nouvelle disposition qui ne faisait que réparer une erreur du législateur. Mais nous ne saurions admettre l'argumentation de M. Cunéo d'Ornano, bien qu'il donne une solution conforme à la nôtre ; il prétend en effet que l'article 2 de la loi de 1889 est en contradiction avec l'article 5 ; le premier donne aux conseils

1. *J. O.*, Chambre, *in extenso*, séance du 27 février 1890.
2. *J. O.*, Sénat, Annexes, n° 42, p. 84.

municipaux le droit de rétablir la vaine pâture par une
délibération approuvée par le Conseil Général, et le
second supprime la servitude sur les prairies naturelles ;
or, sur quels terrains, dans ce cas, le droit s'exercerait-il ?
sur les pâtis incultes et l'accotement des routes, nous
dit l'orateur; il est impossible que le législateur ait eu en
vue ces cas, indignes de son attention ; il faut donc que
la servitude, même d'après la loi de 1889, puisse être
rétablie sur les prairies naturelles. Nous répondrons d'a-
bord que le texte de la loi est formel et ne permet aucun
doute sur son interprétation ; de plus le législateur avait
en vue non seulement les pâtis incultes et l'accotement
des routes, mais surtout les terrains cultivés dépourvus
de récolte, chose très importante au point de vue de
l'exercice du droit. Il n'y a donc pas lieu de douter que
la loi de 1889 ait bien en réalité supprimé la vaine pâture
sur les prairies naturelles.

Il nous faut mentionner ici un argument qui a eu une
très grande influence sur le vote des Chambres, et auquel
nous devons attribuer la plus grande part du succès
remporté par les partisans de la réforme de 1890. Bien
que, contrairement à l'opinion de M. Cunéo d'Ornano,
les propriétaires de prairies aient souvent intérêt à la
conservation du droit de vaine pâture, ainsi que nous
venons de le démontrer, il est certain que, ceux pour qui
l'avantage est le plus grand, sont les habitants ne possédant aucune parcelle de prés, ou en possédant très peu,
et ceux-ci sont d'autant plus dignes de l'attention et de

la sollicitude du législateur, qu'ils sont plus déshérités
de la fortune. Il existe, en effet, dans toutes les communes, un certain nombre de manœuvres, vivant uniquement
du produit de leurs journées de travail ; pour augmenter autant que possible leurs modestes revenus, ils
élèvent quelques têtes de bétail ; elles leur fournissent
une partie de leur nourriture, et ils en vendent les produits ; pour nourrir ces bestiaux, ils louent quelques
parcelles de prés, et comptent en même temps sur l'exercice du droit de vaine pâture ; supprimer ce droit, ce
serait donc leur enlever les moyens de vivre, ou tout au
moins leur rendre la vie beaucoup plus difficile ; ce serait
pour eux la ruine dans la plupart des cas. Il importe donc
de leur rendre un avantage que leur avait enlevé la loi
de 1889. M. le comte Lemercier affirme, par exemple,
que, dans la Charente, depuis que le phylloxéra a tué les
vignes, l'élevage est devenu la seule ressource des petits
propriétaires (1).

On nous fait encore une seconde objection : La servitude, nous dit-on, sera supportée principalement sur des
petits propriétaires, que vous croyez protéger, et qui sont
les plus dignes d'intérêt, voici comment : Ceux qui possèdent de grandes étendues de prairies, useront de la faculté
de se clore, et les soustrairont ainsi à la vaine pâture ;
au contraire, ceux qui ne possèdent que des parcelles de
peu d'étendue, ne peuvent employer ce moyen, car il

1. *J. O.*, Chambre, *in extenso*, séance du 27 février 1890, p. 385.

serait pour eux beaucoup trop dispendieux ; ce sera donc, en définitive, les petits propriétaires qui supporteront tout le fardeau. Ce raisonnement est, de tous points, exact, mais il ne faut pas oublier que celui qui use de la clôture perd son droit à la vaine pâture proportionnellement à l'étendue du terrain qu'il enclot; il ne cause donc pas de préjudice aux petits propriétaires ; il agit chez lui comme il l'entend; mais le jour où il voudra faire conduire ses bestiaux au pâturage, on lui dira : Vous avez clos votre terrain pour l'exempter de la servitude ; vous n'apportez plus rien comme appoint dans le fonds commun ; vous n'avez donc pas le droit de partager avec nous les bénéfices ; faites paître vos bestiaux sur vos propres terrains, nous ne saurions les admettre sur les nôtres ; vous êtes en dehors de notre communauté.

Enfin M. Grousset nous cite une phrase d'un rapport déposé au Sénat en 1854, et reproduisant, contre la vaine pâture, des attaques auxquelles il semble attacher une très grande importance : « Elle empêche, dans les prairies naturelles, d'utiliser les regains, même dans les années où la sécheresse rend presque nulle la coupe des foins. Elle perd, en la foulant aux pieds, plus d'herbe qu'il n'en faudrait pour entretenir le même troupeau dans la ferme pendant une partie de l'année. Elle diminue les fumiers, conséquemment la fertilité du sol ».

Au premier inconvénient le Conseil municipal peut

remédier en interdisant, pour l'année où la sécheresse a
nui à l'abondance des premiers fruits, l'exercice de la
vaine pâture ; nous verrons qu'il en a le droit et le pouvoir. Quant aux deux autres, ils sont plus apparents que
réels. Lorsqu'on prétend que les animaux perdent l'herbe
en la foulant aux pieds, on oublie que l'herbe, dans les
prairies en dépaissance, est fort courte, car elle est continuellement broutée par les bestiaux ; leur passage ne
lui cause donc pas grand préjudice. Il en serait autrement, bien entendu, si les bestiaux étaient mis au pâturage dans un pré non fauché. Pour les engrais, nous
avons vu qu'ils n'étaient pas complètement perdus, puisqu'ils profitaient à la prairie elle-même.

En résumé nous remarquons que, suivant les circonstances et suivant les régions, les avantages que procure
le maintien de notre droit sur les prairies naturelles,
peuvent fort bien l'emporter sur les inconvénients. Lorsque M. Xavier Blanc proposait son amendement au Sénat,
il considérait la question au point de vue théorique,
plutôt qu'au point de vue pratique, et si cet amendement a été définitivement adopté par le Parlement, en
1889, sans discussion, nous sommes autorisés à penser
que, ainsi qu'on l'a dit à la tribune, les Députés n'avaient
pas accordé à la question toute l'attention qu'elle méri-
tait, préoccupés qu'ils étaient par la fin de la législature.
Cette distraction a été réparée l'année suivante, et nous
ne pouvons qu'en féliciter le législateur.

Les autres modifications, proposées dans le cours de

la discussion soit au Sénat, soit à la Chambre, ne sont que « des modifications de pure forme, destinées à mettre en pleine lumière la pensée du législateur » (1).

1. Discours de M. Bourgeois à la Chambre, *J. O.*, séance du 14 juin 1890, p. 1062.

CHAPITRE IV

DES RÉSULTATS DES LOIS NOUVELLES

Nous venons d'examiner et de discuter les différentes causes qui ont entraîné le vote des lois nouvelles ; pour que notre étude sur ce point soit complète, il nous reste à voir quels ont été les résultats de ces lois, c'est-à-dire, principalement comment a été accueillie en France la loi de 1890, et quel est le nombre et l'importance des conseils municipaux ayant profité de la faculté de rétablissement que leur accorde le nouvel article 5. Ce n'est que par cette étude que nous pourrons nous rendre compte de la valeur des modifications apportées, sur ce point, à notre législation, et qu'il nous sera permis de justifier l'opinion que nous avons émise dans notre chapitre précédent, où nous avons approuvé le législateur.

Pour ce qui concerne les résultats de la loi de 1889, nous avons vu qu'elle a abouti, par le mouvement de réaction qui s'est produit contre l'amendement adopté sur la proposition de M. Xavier Blanc, au vote de la loi réglant définitivement la question. Nous n'avons donc à nous occuper que des résultats obtenus par cette dernière.

D'après une statistique inédite du ministère de l'agriculture, statistique que nous avons sous les yeux, sur
les 36.147 communes du territoire français, 27.777 ont
laissé la loi de suppression produire son plein effet, et la
servitude, sur les territoires de ces communes est complètement et définitivement supprimée ; 8.370, au contraire, l'on rétablie. L'immense majorité des premières
démontre l'utilité de la loi de 1889 ; c'est ce que nous
n'avons jamais contesté ; nous nous sommes contentés de
faire porter nos critiques sur l'article 5 de cette loi ; or,
le nombre respectable de 8.370 communes, ayant pro-
testé par les délibérations de leurs conseils municipaux
contre cette disposition aujourd'hui abolie, nous démontre amplement que le législateur, par une mesure trop
radicale, avait heurté de front des intérêts pourtant très
respectables et très dignes d'attention. De plus, nous ne
devons pas nous laisser complètement éblouir par les
chiffres. Sur le grand nombre de communes dans lesquelles la vaine pâture a été supprimée, il y en a beaucoup où cette suppression n'a pas été effective. Dans
certaines régions, avant 1889, le droit qui nous occupe
était à peu près complètement inconnu : la Bretagne et
la vallée de la Garonne, en particulier, étaient dans cette
situation ; là, par conséquent, aucune des deux lois n'a
eu d'effet, et ces pays y sont restés indifférents ; la première, pas plus que la seconde, n'apportait de change-
ments aux usages établis. Il y a donc, de ce chef, un nombre considérable de communes, nombre qu'il nous est,

du reste, impossible d'évaluer exactement, que nous devons mettre en dehors de nos calculs, puisque la nouvelle législation n'a rien changé à leur égard.

Nous avons encore une deuxième série de territoires communaux à retrancher du nombre de 27.777 ; ce sont les agglomérations dont la population est supérieure à 4 ou 5000 habitants. En effet, ces communes, en général, sont des communes industrielles ou commerçantes, très rarement agricoles ; elles ont ordinairement un territoire cultivé relativement restreint, et l'usage de la vaine pâture ne leur serait d'aucune utilité, car elles n'ont pas les terrains nécessaires à son exercice. Ces communes, sur tout l'ensemble du territoire français, sont au nombre d'environ quinze cents. Nous ne pouvons, ici encore, que donner des chiffres très approximatifs, et des considérations très générales, car il y a, à notre règle des exceptions qui, cependant, nous le croyons, sont peu nombreuses. Dans certaines régions, par exemple dans les pays de montagnes, où la population est très disséminée, répartie en un grand nombre de fermes isolées, et où, par conséquent, les agglomérations sont rares, les communes, tout en ayant quelquefois une population importante, sont cependant des communes agricoles ; ce fait se présente, en particulier, dans la région nomtagneuse des départements de la Haute-Saône, du Doubs et des Vosges. La commune de Fougerolles, dans l'arrondissement de Lure, a une population de plus de 6000 habitants, répartis sur un territoire de 5.112 hectares ; elle est pourtant une commune agricole. Mais, nous le répétons, ces exceptions sont rares, et de peu d'importance, comparativement aux cas qui rentrent dans notre règle.

Il nous reste encore à faire une dernière élimination, c'est celle des 364 communes du département de la Corse, dans lequel, ainsi que nous l'avons vu plus haut, le droit de vaine pâture a été supprimé par une mesure législative de 1854.

Après avoir donné ces considérations générales, qui doivent servir de base à notre étude, il nous reste à entrer dans le détail de la question et à envisager la conservation ou la suppression du droit de vaine pâture d'après les différentes régions. Il nous semble inutile de donner ici la statistique complète par départements, du nombre de communes dans lesquelles le droit existe encore, et de celles où il est supprimé, mais il nous faut tout au moins, puisque nous traitons la question au point de vue de la loi de 1890, indiquer quels sont les départements où la servitude a encore quelque importance :

Départements	Nombre de communes par département	Nombre de com. dans lesquelles la vaine pâture est supprimée	existe encore
Ain	453	352	101
Aisne	840	688	152
Ardennes	503	136	367
Aube	446	100	346
Aveyron	302	236	86
Charente	426	316	110

Charente-Inférieure.	480	405	75
Cote-d'Or	717	280	437
Doubs	638	223	415
Eure-et-Loir . . .	426	128	298
Jura.	584	247	337
Loir-et-Cher . . .	297	233	64
Loiret	349	288	61
Marne	661	150	511
Marne (Haute) . .	550	116	434
Meurthe-et-Moselle .	596	74	522
Meuse	586	140	446
Oise.	701	434	264
Pas-de-Calais. . .	903	486	417
Haut-Rhin (Belfort).	106	69	37
Saône (Haute). . .	583	104	479
Saône-et-Loire. . .	590	438	152
Seine-Inférieure. .	759	692	67
Sèvres (Deux). . .	354	271	83
Somme.	836	35	801
Vosges.	531	283	248
Yonne	486	246	240

Nous devons ajouter que, dans quinze départements, aucune commune n'a demandé le maintien de la servitude ; ces départements sont : l'Allier, les Côtes-du-Nord, la Creuse, l'Ille-et-Vilaine, la Loire, le Lot, le Lot-et-Garonne, la Manche, la Mayenne, le Morbihan, le Haute-Savoie, le Var, le département de Vaucluse, la Vienne et

la Haute-Vienne ; mentionnons enfin la Corse, où la sup-
pression forcée date de 1854. Dans les Basses-Alpes, les
Bouches-du-Rhône, le Cantal, la Corrèze, la Dordogne, le
Finistère, le Gard, l'Isère, les Landes, la Haute-Loire, la
Nièvre, le Nord, l'Orne, le Rhône, la Sarthe, la Seine, le
Tarn et le Tarn-et-Garonne, le nombre des communes
ayant été favorables à la vaine pâture, varie de 1 à 9.
Dans tous les autres départements, ce nombre oscille en
10 et 60.

Nous voyons, d'après ces chiffres, que, dans toute la
région de l'Est et du Nord-Est de la France, la majorité
des conseils municipaux a usé du droit que lui a accordé
la loi de 1890 ; dans un certain nombre de départements,
même, le droit de vaine pâture a trouvé grâce devant
la presque unanimité de ses juges, si nous tenons compte
de la remarque que nous avons faite tout à l'heure
pour les communes industrielles et commerçantes. Dans
la région des Charentes et dans quelques départements
du centre, la vaine pâture a conservé également une certaine importance. On pourra nous faire observer que,
parmi les autorités municipales favorables, il en est qui
n'ont conservé le droit que sur les terrains cultivés dépouillés de leurs récoltes, et que, par conséquent, elles
n'ont pas eu besoin de s'appuyer sur la loi de 1890, celle
de 1889 leur suffisant ; pour celles-là donc la nouvelle
disposition est inutile. Nous ne pouvons nier la justesse
de cette observation, mais nous répondons qu'elle s'applique à un nombre très restreint de communes, car la

plupart de celles dont les conseils municipaux ont pris
des délibérations à ce sujet, ont eu pour but principal
l'assujettissement des prairies naturelles à la vaine pâture ; le pâturage des terrains récoltés ne présente, en
effet, quelque avantage que pour les moutons et les chèvres ; les bovins n'y trouveraient pas, le plus souvent,
une nourriture suffisante.

Nous avons soutenu, dans notre précédent chapitre
que le morcellement de la propriété avait eu une influence considérable sur les décisions municipales tou-
chant notre matière. Si nous jetons un coup d'œil sur la
statistique de la France, publiée par le ministère de l'a-
griculture, d'après les résultats généraux de l'enquête
décennale de 1892, nous pouvons observer que, dans la
région qui nous intéresse plus particulièrement, c'est-à-
dire dans l'Est et le Nord-Est, les superficies des petites
cultures de 1 à 10 hectares, varient en général entre
100 et 200 mille hectares par département ; il faut ajouter à ces chiffres ceux de la très petite culture, inférieure
à un hectare, qui occupent une superficie de 10 à 30
mille hectares (1).

1. Voici quelques-uns des chiffres donnés par le ministère de
l'agriculture :

Départements	Superficie en milliers d'hectares de la	
	Très petite culture (moins de 1 hect.)	Petite culture (1 à 10 hect.).
Ain	20,9	172,1
Aisne	20,8	110,8

Au premier abord, le morcellement ne semble pas plus grand dans les départements qui nous occupent que dans le reste de la France ; mais une chose que nous ne devons pas oublier, c'est que, dans notre région, les forêts occupent une partie notable de la superficie totale ; or, très peu de celles-ci entrent dans le compte de la petite culture ; presque toutes font partie de la grande, et doivent, par conséquent, être retranchées de notre calcul (1).

Ardennes	13,1	73,4
Aube	12,1	110,4
Aveyron	25,2	186,9
Charente	16,4	185,2
Charente-Inférieure	27,4	240,8
Cote-d'Or	16,8	150,3
Doubs	10,2	126,5
Eure-et-Loir	8,8	114,1
Jura,	17,0	123,6
Loir-et-Cher	8,8	95,0
Loiret	7,9	130,8
Marne	13,6	107,5
Marne (Haute-)	14,9	115,2
Meurthe-et-Moselle	18,7	97,2
Meuse	12,4	118,1
Oise	13,6	86,4
Pas-de-Calais	20,7	169,0
Haut-Rhin (Belfort)	4,5	18,1
Saône (Haute-)	8,9	132,3
Saône-et-Loire	19,2	212,2
Seine-Inférieure	11,0	90,7
Sèvres (Deux-)	12,4	120,4
Somme	11,1	123,6
Vosges	22,9	134,6
Yonne	17,6	195,5

1. Par exemple, l'Ain a 20,7 0/0 de sa superficie totale en forêts,

Si nous nous demandons maintenant quelle a été l'influence, sur l'élevage du bétail, de la conservation de
notre servitude, nous remarquerons, en consultant la statistique agricole, que les départements où cette conservation est la plus importante, sont loin d'être les plus
pauvres en bestiaux. Ils ne sont pas non plus les plus
riches et se laissent distancer de beaucoup par les
départements de la Normandie et de la Bretagne. Mais
il faut tenir compte de ce fait que, dans ces régions, les
pâturages sont beaucoup plus étendus et surtout beaucoup moins morcelés, que dans nos départements de
l'Est et du Nord-Est, où l'élevage n'est souvent que l'accessoire de l'agriculture (1).

les Ardennes 27,0, l'Aube, 20,9, la Côte-d'Or 29,1, le Doubs 25,8,
le Jura 31,5, le Loir-et-Cher 21,5, le Loiret 19,9, la Marne 18,3,
la Haute-Marne 30,5. la Meurthe-et-Moselle 25,5, la Meuse 29,4,
le territoire de Belfort 33,1, la Haute-Saône 31,2, les Vosges 35,7,
l'Yonne 23,1.

1. Il nous semble utile de donner ici encore quelques-uns des
chiffres du ministère de l'agriculture, tout au moins pour les départements où la vaine pâture a conservé quelque importance :

Départements	Existence au 31 décembre 1896	
	Race bovine	Race ovine
Ain................	235.645	42.270
Aisne.............	147.035	472.915
Ardennes..........	106.012	253.445
Aube	88.249	150.052
Aveyron	179.597	701.892
Charente..........	94.280	286.390
Charente-Inférieure .	166.307	312.590
Côte-d'Or..........	155.194	279.369

Doubs.............	124.247	48.365
Eure-et-Loir	104.900	562.295
Jura..............	149.525	16.381
Loir-et-Cher.......	86.855	231.347
Loiret	137.501	285.607
Marne.............	119.895	295.668
Marne (Haute).....	94.957	115.626
Meurthe-et-Moselle.	95.532	101.870
Meuse.............	97.423	107.741
Oise..............	125.352	344.779
Pas-de-Calais......	220.855	207.585
Haut-Rhin (Belfort).	20.404	3.257
Saône (Haute-).....	153.861	55.148
Saône-et-Loire	324.472	141.896
Seine-Inférieure	275.879	175.529
Sèvres (Deux-)......	239.658	109.914
Somme	163.617	378.136
Vosges............	141.366	48.810
Yonne.............	143.617	268.567

DEUXIÈME PARTIE

ÉTUDE SPÉCIALE DU DROIT DE VAINE PATURE TEL QU'IL EST RÉGI PAR LES LOIS DE 1889 ET DE 1890.

Avant d'aborder cette partie de notre travail, il nous semble utile de donner le texte des deux lois qui doivent faire l'objet de notre étude :

Loi du 9 juillet 1889

Art. 1er. — Le droit de parcours est aboli. La suppression de ce doit ne donne lieu à indemnité que s'il a été acquis à titre onéreux. Le montant de l'indemnité est réglé par le conseil de préfecture, sauf renvoi aux tribunaux ordinaires en cas de contestation sur le titre.

Art. 2. — Est également aboli le droit de vaine pâture s'il appartient à la généralité des habitants, et s'applique en même temps à la généralité du territoire d'une commune ou d'une section de commune. — Toutefois, dans l'année de la promulgation de la présente loi, le maintien du droit de vaine pâture, fondé sur une ancienne loi ou coutume, sur un usage immémorial ou sur un titre, pourra être réclamé au profit d'une commune ou d'une section de commune, soit par délibération du conseil municipal, soit par requête d'un ou plusieurs ayants droit, adressée au préfet. — En cas de réclamation particulière, le conseil municipal sera mis en demeure de donner son avis dans les six mois, à défaut de quoi il sera passé outre.

Art. 3. — La demande du maintien, qu'elle émane d'un conseil municipal ou qu'elle émane d'un ou plusieurs ayants droit, sera soumise au conseil général, dont la délibération sera définitive, si elle est conforme à la délibération du conseil municipal. S'il y a divergence, la question sera tranchée par décret rendu en Conseil d'Etat. — Si le droit de vaine pâture a été maintenu, le conseil municipal pourra seul ultérieurement, après enquête *de commodo et incommodo* en proposer la suppression, sur laquelle il sera statué dans les formes ci-dessus indiquées.

Art. 4. — La vaine pâture s'exercera, soit par troupeau séparé, soit au moyen du troupeau en commun, conformément aux usages locaux, sans qu'il puisse être dérogé aux dispositions des art. 647 et 648 du Code civil, et aux règles expressément établies par la présente loi.

Art. 5. — Dans aucun cas et dans aucun temps, la vaine pâture ne peut s'exercer sur les prairies naturelles ou artificielles. — Elle ne peut avoir lieu sur aucune terre ensemencée ou couverte d'une production quelconque faisant l'objet d'une récolte, tant que la récolte n'est pas enlevée.

Art. 6. — Le droit de vaine pâture, établi comme il est

dit en l'article 2, ne fait jamais obstacle à la faculté que conserve tout propriétaire, soit d'user d'un nouveau mode d'assolement ou de culture, soit de se clore. Tout terrain clos est affranchi de la vaine pâture. — Est réputé clos tout terrain entouré, soit par une haie vive, soit par un mur, une palissade, un treillage, une haie sèche d'une hauteur d'un mètre au moins, soit par un fossé de 1 m. 20 à l'ouverture et de 0 m. 50 de profondeur, soit par des traverses en bois, ou des fils métalliques distants entre eux de 0 m. 33 au plus, et s'élevant à un mètre de hauteur, soit par toute autre clôture, continue et équivalente, faisant obstacle à l'introduction des animaux.

Art. 7. — L'usage du troupeau en commun n'est pas obligatoire. Tout ayant droit peut renoncer à cette communauté, et faire garder par troupeau séparé, le nombre de têtes de bétail qui lui est attribué par la répartition générale.

Art. 8. — La quantité de bétail proportionnée à l'étendue du terrain de chacun, est fixée dans chaque commune ou section de commune, entre tous les propriétaires ou fermiers exploitants, domiciliés ou non domiciliés, à tant de têtes par hectare, d'après les règlements et usages locaux. En cas de difficultés, il est pourvu par délibération du conseil municipal, soumise à l'approbation du préfet.

Art. 9. — Tout chef de famille, domicilié dans la commune, alors même qu'il n'est ni propriétaire ni fermier d'une parcelle quelconque des terrains soumis à la vaine pâture, peut mettre sur lesdits terrains, soit par troupeau séparé, soit dans le troupeau commun, six bêtes à laine, une vache avec son veau, sans préjudice des droits plus étendus qui lui seraient accordés par l'usage local ou le titre.

Art. 10. — Le droit de vaine pâture doit être exercé directement par les ayants droit, et ne peut être cédé à personnne.

Art. 11. — Les conseils municipaux peuvent toujours, conformément aux articles 68 et 69 de la loi du 5 avril 1884, prendre des arrêtés pour réglementer le droit de vaine pâture, notamment pour en suspendre l'exercice en cas d'épizootie, de dégel, de pluie torrentielle, pour cantonner les troupeaux de différents propriétaires, ou les animaux d'espèces différentes, pour interdire la présence d'animaux dangereux ou malades dans les troupeaux.

Loi du 22 juin 1890

Article unique. — Les articles 2, 5, et 12, de la loi du 9 juillet 1889 (Code rural tit. II, Vaine pâture) sont abrogés et demeurent remplacés par les dispositions suivantes : — Art. 2. — Le droit de vaine pâture, appartenant à la généralité des habitants et s'appliquant en même temps à la généralité du territoire d'une commune ou d'une section de commune, cessera de plein droit un an après la promulgation de la présente loi. — Toutefois, dans l'année de cette promulgation, le maintien du droit de vaine pâture, fondé sur une ancienne loi ou coutume, sur un usage immémorial ou sur un titre, pourra être réclamé au profit d'une commune ou d'une section de commune, soit par délibération du conseil municipal, soit par requête d'un ou plusieurs ayants droit adressée au préfet. — En cas de réclamation particulière, le conseil municipal sera mis en demeure de donner son avis dans les six mois, à défaut de quoi il sera passé outre. — Si la réclamation, de quelque façon qu'elle se soit produite, n'a pas été, dans l'année de la promulgation, l'objet d'une décision, conformément aux dispositions du § 1er de l'article 3 de la loi du 9 juillet 1889, la vaine pâture continuera à être exercée jusqu'à ce que cette décision soit intervenue. — Art. 5. — Dans aucun cas et dans aucun temps, la vaine pâture ne peut s'exercer sur les prairies artificielles. — Le rétablissement de la vaine pâture sur les prairies naturelles, supprimé de plein droit par la loi du 9 juillet 1889, pourra être réclamé, dans les conditions où elle s'exerçait antérieurement à cette loi, et en se conformant aux dispositions édictées par les articles précédents. Elle ne peut avoir lieu sur aucune terre ensemencée ou couverte d'une production quelconque faisant l'objet d'une récolte, tant que la récolte n'est pas enlevée. — Art. 12.....

CHAPITRE PREMIER

PREUVE, CONSERVATION ET RÉGLEMENTATION DU DROIT DE
VAINE PATURE.

Section I. Preuve et conservation

Ce n'est pas une question de création du droit de vaine
pâture que nous avons à traiter ici, car, depuis la loi du
6 octobre 1791, la vaine pâture ne peut être établie là où
elle n'existait pas auparavant, elle ne peut qu'être conservée
là où elle existait. L'article 3 de la présente loi nous dit,
en effet, que « le droit de vaine pâture ne pourra *exister*
que dans les lieux où il est fondé sur un titre ou autorisé
par la loi ». C'est donc une question de preuve qui doit
nous occuper ; par conséquent le mot titre, employé par
les lois de 1791 et de 1889, doit être entendu dans le sens
d'acte écrit, *d'instrumentum*, et non, comme pouvait porter à le croire le caractère de servitude que nous avons reconnu à la vaine pâture, dans le sens de titre constitutif
de servitude, de mode d'acquisition du droit, conformément aux articles 690 et 691 du Code civil.

D'après la loi rurale de 1791, le droit ne pouvait exister
que s'il était fondé sur un titre, ou autorisé par la loi ou

par un usage immémorial. La loi conservait donc, sur ce point, les règles des anciennes coutumes, dont les unes, auxquelles font allusion les mots : *autorisé par la loi*, réglementaient expressément la vaine pâture, et dont les autres, visées par les mots : ou *par un usage immémorial*, se contentaient de tolérer la servitude, sans l'admettre expressément ni la défendre.

Depuis les lois de 1889 et 1890, une nouvelle condition est venue se joindre à la première : c'est la délibération du conseil municipal. Sous notre législation actuelle, il faut donc, pour que la vaine pâture existe dans une commune, deux ordres de conditions : 1° un titre ou un usage immémorial ; 2° une délibération du conseil municipal, approuvée par le conseil général du département, et demandant à rétablir le droit suivant les anciens usages. Examinons successivement ces deux ordres de conditions :

1. *Titre ou usage immémorial.* — La règle fondamentale de droit civil, qui suppose, en principe, les héritages libres de toute servitude, reçoit ici une application qui a été législativement consacrée par l'article 3 de la loi de 1791. C'est donc à celui qui prétend avoir un droit de vaine pâture, c'est-à-dire à la communauté d'individus que la loi de 1791 appelle paroisse, et qui est maintenant la commune ou la section de commune, (nous ne nous occupons pas ici de la vaine pâture à titre particulier, dont il sera parlé plus tard, et qui a ses règles propres) à prouver sa prétention. La question d'existence

du droit se réduit donc à une question de preuve, dont la loi limite les moyens.

Le premier de ces moyens est le titre. Nous venons de dire ce qu'il fallait entendre par ce mot. Mais plusieurs questions spéciales peuvent se poser à ce sujet, nous allons essayer de les résoudre.

Nous nous demanderons d'abord si l'on doit présenter le titre primordial, ou si la simple copie d'un jugement constatant l'existence du droit suffit. Nous avons, sur ce point, à concilier la lettre et l'esprit de la loi, sans perdre de vue que nous n'avons à traiter ici qu'une question de preuve. La loi a voulu, en exigeant un titre, avoir la plus grande certitude possible sur l'existence d'un droit qu'elle ne voyait pas d'un très bon œil. Si l'on présente le titre primordial, il n'y a pas de difficulté, et toutes les exigences de la loi sont remplies. Si, au contraire, ce titre est un jugement, de deux choses l'une, ou ce jugement a été rendu sur un titre primitif de concession, et en mentionne l'existence, et alors nous avons les mêmes raisons que précédemment pour admettre sa valeur comme titre ; ou bien il est basé sur ce fait que le droit de vaine pâture a été acquis par un usage immémorial, et alors, même dans ce cas, la Cour de cassation décide qu'il peut servir de titre, pourvu qu'il soit ancien, conformément à l'article 1337 du Code civil, et pourvu, bien entendu, que la coutume sous l'empire de laquelle ce jugement a été rendu, n'exclue pas, comme la coutume de Bourgogne par exemple, l'acquisition de la vaine pâture par usage immémorial (1).

Quant à la question de savoir si une transaction intervenue entre deux communes peut être considérée comme un titre dans le sens de la loi de 1889, le système de la jurisprudence sur ce point n'est pas très net, mais il semble qu'on puisse en déduire une réponse affirmative, qui, du reste, aurait un solide point d'appui sur l'article 2052 du Code civil, accordant aux transactions l'autorité de la chose jugée.

Nous venons de voir quelles conditions de forme doit réunir le titre servant de base au droit de vaine pâture. Une dernière difficulté, et ce n'est pas la moindre, nous reste à résoudre à propos du titre récognitif. C'est la question de savoir si ce titre doit réunir les conditions exigées par l'article 1337, ou seulement celles de l'article 695 du Code civil. Pour ceux qui ne regardent pas la vaine pâture comme une servitude, mais seulement comme un droit de communauté ou de copropriété, la question ne ne se pose pas, puisque l'article 695 n'a trait qu'à l'établissement des servitudes ; on doit donc appliquer l'article 1337. Mais pour nous qui avons reconnu à notre droit le caractère de servitude, il y a d'abord un point certain, c'est qu'il est nécessaire que le titre émane du propriétaire du fonds asservi (art. 695) ; toute la ques-

---

1. Voy. D. *Rép.*, au mot Droit rural, n° 43, et au mot Conclusion, n° 41.

tion est de savoir s'il est indispensable qu'il réunisse en plus les conditions de l'article 1337. M. Laurent, dont l'opinion, sur ce point, est conforme à celle d'un grand nombre d'auteurs, admet la négative (1), car il ne considère l'article 1337 que comme une règle spéciale aux obligations, ne s'appliquant pas aux droits réels ; il n'est donc pas nécessaire, selon lui, que le titre récognitif relate la teneur du titre primitif, il suffit qu'il ait le caractère d'un aveu. La jurisprudence paraît suivre ce système (2). Quant à nous, nous serons plutôt portés à admettre le système de Mourlon (3), qui pense que l'article 1337 établit une règle générale en matière de preuve, règle qui doit s'appliquer aussi bien aux droits réels qu'aux créances. L'article 645 dit en effet : « Le titre constitutif de la servitude... ne peut être remplacé que par un titre récognitif de la servitude, *et* émané du propriétaire du fonds asservi ». Il exige donc, nous semble-t-il, deux conditions, la première c'est que le titre soit un titre récognitif, la seconde c'est qu'il soit émané du propriétaire. Le législateur a donc eu, selon nous, l'intention, en employant la particule *et*, d'appliquer la règle spéciale qu'il énonce ici, comme supplément à celle

1. Laurent, t. VIII, n° 152 *bis*. Voy. aussi Demolombe, t. XII, n° 757 ; Aubry et Rau, t. III, p. 75 ; Théophile Huc, t. IV, p. 527 ; Baudry-Lacantinerie, *Des biens*, n° 1095 ; Demante et Colmet de Santerre, t. II, n° 550 *bis*.
2. D. *Rép.* au mot Droit rural, n° 40, note 2.
3. Mourlon, t. I, p. 807, note 1.

posée dans l'article 1337, où nous est donnée la définition du titre récognitif.

Usage immémorial. — Que faut-il entendre par l'expression : usage immémorial, que la loi emploie ici et en quoi consiste ce caractère de l'usage ? D'après nos anciens auteurs, le caractère immémorial se déterminait par un espace de cent ans écoulés, à dater du jour où avait commencé l'usage ; nos jurisconsultes avaient ainsi pris pour terme de mesure le plus grand maximum de la durée de la vie humaine. La jurisprudence actuelle admet sur ce point, un critérium moins net et moins précis, mais qui nous semble se rapprocher plus de la conception que nous avons de l'idée que renferme le mot *immémorial*. La cour de Bordeaux a pensé que l'usage immémorial était celui « dont aucun homme vivant ne peut indiquer approximativement le point de départ, même en rapportant ce qu'il aurait entendu dire par ses auteurs » (1).

Ce deuxième mode, cité par la loi, d'établissement du droit de vaine pâture, pourrait, en principe, être prouvé par tous les moyens admis par le Code civil, mais ces moyens se réduisent, en fait, à un seul : la preuve littérale, puisque le caractère *immémorial* de l'usage ne permet pas la preuve par témoins, même au-dessous de 150 francs (cette valeur inférieure à 150 francs, serait d'ailleurs fort rare en matière de vaine pâture coutumière) pas plus que la preuve par l'aveu et le serment. Nous ne voulons pas

1. Bordeaux, 8 février 1832, D. P. 32. 2. 188.

dire cependant que la déposition des plus anciens habitants du pays, affirmant qu'ils ont toujours vu les choses se passer de la même manière, ne soit d'aucune utilité ; elle pourra, combinée avec d'autres preuves, arriver à convaincre le juge ; mais celui-ci ne serait pas autorisé, sur cette seule déposition, à affirmer le caractère immémorial de l'usage. Quant à la nature et à la valeur des titres employés comme moyens de preuve, c'est une question d'appréciation de la part des tribunaux. Il a été jugé notamment (1) que l'usage immémorial est suffisamment établi par des jugements ou arrêts, même étrangers à ceux contre lesquels cet usage est invoqué. Cependant une commune ne pourrait invoquer comme titre, la déclaration générale des droits et biens communaux, faite par les syndics et habitants, devant une commission du roi (2).

II. *Délibération du conseil municipal.* — Sous l'empire de la loi de 1791, la vaine pâture existait dans une commune par le seul fait qu'elle reposait sur un titre ou sur un usage immémorial. La loi de 1889, modifiée en 1890, au lieu de supprimer le droit, suppression qui avait été la pensée première du législateur, n'a fait qu'exiger, pour en maintenir l'existence, une formalité de plus, c'est la décision favorable du conseil municipal. Cette règle, nous dit le rapporteur de la loi, a été demandée par une commission « respectueuse de toutes les opinions et soucieuse de

1. 7 mars 1854, D. P. 54. 1. 195.
2. 31 mai 1886, D. P. 87. 2. 229.

tous les intérêts, dans une matière ou l'ordre public n'a rien à voir, et où l'uniformité ne s'impose pas » (1).

Délai. — La loi décide que, pour que le droit puisse être conservé, il faut que la délibération favorable du conseil municipal soit intervenue dans l'année qui suit la promulgation de la loi. Ce délai, accordé en 1889, fut prolongé par la loi de 1890, qui donne le même délai de un an à partir de sa promulgation.

Cette prolongation a été jugée nécessaire à cause de la modification apportée à l'article 5. On autorisait les conseils municipaux à rétablir la vaine pâture sur les prairies naturelles, il fallait leur donner le temps nécessaire de prendre des délibérations à ce sujet. Ceux qui n'ont rétabli le droit que sur les terrains cultivés après l'enlèvement de la récolte, ont profité de cette prolongation, bien qu'elle n'ait pas été introduite pour eux.

Quoiqu'il en soit, actuellement, la servitude est définitivement abolie dans les communes qui n'ont pas fait la déclaration voulue avant le 22 juin 1891 ; une déclaration postérieure serait inutile.

Formalités. — Prenons comme exemple une commune qui veut conserver le droit de vaine pâture sur son territoire, et voyons quels moyens elle doit employer pour arriver à son but. Le conseil municipal a, nous le supposons, demandé le maintien du droit dans les délais voulus.

1. Rapport de M. Boreau-Lajanadie, *J. O.*, 1888, Chambre, Annexes, p. 574.

Sa délibération doit être soumise au conseil général ; si celui-ci émet un avis favorable, tout sera dit et le droit subsistera ; dans le cas contraire, le conseil municipal aura un recours, et pourra porter la question devant le Conseil d'Etat, qui statuera par un décret.

Supposons maintenant qu'un conseil municipal qui a obtenu le maintien, change d'avis au sujet du droit, et en demande la suppression. Pourra-t-il l'obtenir, et comment y parviendra-t-il ? L'article 3 de la loi de 1889 répond à ce sujet que, après une enquête administrative *de commodo et incommodo*, il sera statué sur la demande de suppression d'après les mêmes formes que précédemment. Nous n'avons pas à donner ici de détails sur l'enquête *de commodo et incommodo*, ce serait sortir de notre sujet. Nous dirons simplement qu'elle doit se faire d'après les formes ordinaires, c'est-à-dire que chacun des électeurs habitants la commune, est appelé à donner son avis sur la question. Le silence de ceux qui ce seront abstenu sera regardé comme une adhésion.

Il se présentait, à propos du rétablissement de la vaine pâture, une dernière difficulté que la loi a prévue et résolue explicitement : Si le conseil municipal ne demande pas le maintien du droit, les habitants pourront-ils, de leur autorité privée, soulever la question ? La loi de 1889 leur accorde formellement ce droit, et celle de 1890 vient compléter cette disposition en réglant les formes dans lesquelles cette réclamation doit être faite. La vaine pâture coutumière étant, par sa nature même, un droit dont tous

les habitants de la commune doivent jouir, il est naturel
qu'elle ne puisse être maintenue sur la seule réclamation
d'un ou de plusieurs de ces habitants. Mais, d'un autre
côté le législateur n'a pas voulu que ceux-ci aient à souffrir
de l'indolence ou du mauvais vouloir du conseil municipal ; c'est pourquoi il décide que : « En cas de réclamation particulière, le conseil municipal sera mis en demeure
de donner son avis dans les six mois, à défaut de quoi il
sera passé outre ». Le silence du conseil municipal sera
donc regardé comme une adhésion. Les formes de la demande de maintien seront les mêmes que précédemment,
c'est-à-dire : avis du Conseil général avec recours possible
devant le Conseil d'Etat. La loi ajoute ensuite une disposition ayant pour but de régler provisoirement l'état
des choses pendant le débat : « Si la réclamation, de
quelque façon quelle se soit produite, n'a pas été, dans
l'année de la promulgation, l'objet d'une décision, conformément au § 1er de l'article 3 de la loi du 9 juillet 1889,
la vaine pâture continuera à être exercée jusqu'à ce que
cette décision soit intervenue. » Les parties ne doivent
pas, en effet, souffrir des lenteurs de la justice.

Avant d'aborder la question de réglementation, nous
sommes conduits à nous demander si un conseil municipal, qui a obtenu le maintien de la vaine pâture, peut
changer les bases d'exercice du droit, c'est-à-dire y soumettre des terrains qui en étaient exemptés, ou en
exempter des terrains qui y étaient soumis. La loi nous répond : « Le rétablissement de la vaine pâture sur les

prairies naturelles, supprimé de plein droit par la loi du
9 juillet 1889, pourra être réclamé *dans les conditions où
elle s'exerçait antérieurement à cette loi*, et en se conformant aux dispositions édictées par les articles précédents ».
Quant à la vaine pâture sur les terrains cultivés dépouillés de leurs récoltes, elle existe ou n'existe pas, elle n'est
pas susceptible de degrés, puisqu'elle doit nécessairement
s'appliquer à la « généralité du territoire », et qu'elle ne
peut s'exercer qu'après la récolte faite ; elle est donc limitée par la loi elle-même. Les prairies naturelles, au contraire, font l'objet de deux récoltes au moins ; nous avons
déjà vu que, parmi les conseils municipaux ayant rétabli
le droit sur les prairies naturelles, les uns l'avaient autorisé après la première récolte, les autres après la seconde
seulement. La loi, par la disposition précédemment citée,
n'a pas voulu, à notre avis, empêcher les conseils municipaux de restreindre le droit, mais elle a eu l'intention
de les empêcher de l'étendre. Donc, une commune dans
laquelle, antérieurement à la loi de 1889, le droit de
vaine pâture existait sur les seconds fruits, pourrait restreindre ce droit, et ne l'autoriser qu'après la récolte de
ces seconds fruits. Au contraire, une commune dans laquelle le droit n'existait sur les prairies qu'après la seconde
récolte, ne pourrait décider qu'il s'exercera immédiatement après la première. L'esprit de la loi, nous semble-t-
il, conduit à admettre cette solution.

Le conseil municipal peut même aller plus loin, et, dans
le cas où il aurait rétabli la vaine pâture sur les prairies

naturelles, d'une façon ou d'une autre, il peut fort bien en demander plus tard la suppression, « le jour où, par suite de l'amélioration des procédés de culture, les habitants de la commune seront disposés à substituer à la production naturelle, une culture intensive donnant plusieurs récoltes (1) ».

Supposons donc que le conseil municipal d'une commune ait obtenu, conformément à la loi, le maintien de la vaine pâture sur son territoire, et voyons comment doit être réglé l'exercice de ce droit ; cette réglementation fera l'objet de notre seconde section.

Section II. Réglementation.

La réglementation qui, sous l'empire de nos anciennes coutumes, était exercée concurremment par les bourgeois des communes, les échevins et les officiers des seigneurs (2), l'est aujourd'hui par les conseils municipaux. Nous devons faire observer tout d'abord que ceux-ci ne sont pas obligés de renouveler chaque année la réglementation générale ; elle peut durer aussi longtemps qu'ils le jugent à propos (3).

1. Circulaire ministérielle du 5 août 1890. *Bulletin du ministère de l'agriculture*, 1890, p. 472.
2. Bouthors, *Sources du droit rural*, p. 164.
3. Lepasquier, cependant, aurait désiré que ce règlement fut renouvelé chaque année, parce que, dit-il, d'une année à l'autre,

Ce pouvoir de régler comme ils l'entendent, l'exercice de la vaine pâture, en se conformant cependant aux lois et usages locaux, est accordé aux conseils municipaux par l'article 11 de la loi de 1889, qui ne fait que répéter, en la précisant, la disposition contenue dans les articles 68—6° et 69 de la loi municipale du 5 avril 1884. Le législateur a laissé, en cette matière, une grande latitude aux conseils municipaux, parce que ceux-ci sont mieux à même de juger des besoins des localités qu'ils administrent, besoins qui peuvent varier à l'infini suivant la situation des lieux, la composition et l'étendue du territoire, et les modes d'exploitation adoptés. Voyons successivement quel doit être l'objet de la réglementation, dans quelles formes elle doit se faire, et de quelles peines est passible celui qui y contrevient.

§ 1. — *Objet de la réglementation.* — Notre article 11 est ainsi conçu : « Les conseils municipaux peuvent toujours, conformément aux art. 68 et 69 de la loi du 5 avril 1884, prendre des arrêtés pour réglementer le droit de vaine pâture, notamment pour en suspendre l'exercice en cas d'épizooties, de dégel ou de pluies torrentielles, pour

---

il peut arriver que les propriétaires changent le système de culture de leurs héritages ; que la conduite et la garde des troupeaux exigent de nouveaux soins ; que l'on reconnaisse enfin la nécessité de faire quelques modifications aux règles précédemment adoptées. Il convient donc que les conseils municipaux prennent l'habitude de revoir tous les ans les règlements de la vaine pâture, ne fût-ce que pour en confirmer les dispositions (Voy. Lepasquier, *Législation de la vaine pâture*, p. 348).

cantonner les troupeaux de différents propriétaires ou les animaux d'espèces différentes ; pour interdire la présence d'animaux dangereux ou malades dans les troupeaux». Il donne des exemples des points sur lesquels peuvent porter les règlements, mais n'a pas la prétention de limiter à ces exemples le pouvoir de réglementation des conseils municipaux. Ils peuvent notamment délimiter la partie du territoire qui sera, chaque année, soumise au pâturage, s'ils ne veulent y soumettre le territoire tout entier, bien que cette délimitation n'ait pas été prévue expressément par la loi. Dans certaines communes, par exemple, les prairies naturelles, après la récolte du premier fruit, ne sont soumises à la vaine pâture que tous les trois ans. Pour arriver à ce résultat, les conseils municipaux divisent le territoire en trois parties, et, chaque année, le droit s'exerce sur l'une de ces parties ; ce système se rencontre assez fréquemment dans les régions où subsiste encore l'ancienne division par soles, notamment en Franche-Comté et en Bourgogne.

La loi nous cite comme exemple le droit de cantonner les différentes espèces d'animaux, et les troupeaux des différents propriétaires. Cependant le conseil municipal ne pourrait pas cantonner les propriétaires de troupeaux si ceux-ci, s'y opposaient, à moins que ce mode ne soit prescrit par l'usage ou par des titres particuliers ; ce serait, en effet, porter atteinte au droit des particuliers ; c'est ainsi qu'il a été jugé par une décision ministérielle du 4 octobre 1837. Mais l'attribution à quelques habi-

tants de la commune,en raison de leur isolement, du
droit exclusif d'exercer la vaine pâture sur certaines
parties du territoire, à condition d'y renoncer sur d'autres,
n'a rien d'illégal ; en effet, il est intervenu entre les propriétaires et la commune, une transaction dans laquelle chacune des parties a fait des concessions, transaction qui n'a rien que de très licite. Bien plus, ce caractère de transaction donne au règlement du conseil municipal, l'irrévocabilité ; le cantonnement établi devient
alors, pour les propriétaires en faveur desquels il a été
consenti, un droit qui n'est pas susceptible d'être annulé
ou modifié par l'autorité administrative. C'est en ce sens
qu'il a été jugé par une décision de la cour de Nancy du
9 février 1849, rendue sur un renvoi prononcé par arrêt
de la Cour de cassation en date du 26 mai 1846 (1).

Les arrêtés municipaux ont souvent pour objet la
répartition des différentes espèces d'animaux sur les
diverses parties du territoire (2). Très fréquemment, par
exemple, l'accès des prairies naturelles est interdit aux
moutons et aux chèvres, et le pâturage en est réservé aux
animaux de la race bovine. Cette interdiction a pour
cause ce fait que les moutons, et surtout les chèvres,
arrachent l'herbe en la broutant , et leur dent est par
conséquent très nuisible aux prairies; les bovins, au
contraire, ne font que la tondre. Dans d'autres com-

1. D. P. 51. 2. 17.
2. Cass. 14 nov. 1834, D. *Rép.* au mot Commune, n° 820.

munes, les moutons ne vont au pâturage sur les prairies naturelles, que vers la mi-novembre, alors que l'herbe ne pousse plus, et que les bovins ne peuvent plus y trouver une nourriture suffisante. Bien plus, dans les pays dépendant des anciennes coutumes de Vermandois et de Vitry-le-François, la vaine pâture est complètement interdite aux moutons et aux chèvres, et la Cour de cassation à jugé, par arrêt du 27 mai 1859, que cette interdiction devait être respectée (1).

Il est, en général, défendu de conduire les porcs au pâturage, tout au moins dans les prairies, à cause des dégâts qu'ils pourraient occasionner en fouillant la terre ; c'était déjà la règle admise dans certaines de nos anciennes coutumes : « Que nul ne laisse aller pourceaux en prés, s'il ne gèle si fort que fouir ne puissent, sur amende de sept sols six deniers blancs (2) ». Cependant, actuellement encore, dans un certain nombre de communes, les conseils municipaux ont permis le pâturage des porcs sur les terres cultivées dépouillées de leurs récoltes, et malgré les difficultés de la culture après leur passage, car il a été reconnu qu'ils détruisaient un grand nombre d'insectes nuisibles à l'agriculture, notamment les vers blancs.

L'article 11 nous dit encore que les conseils municipaux peuvent prendre des arrêtés pour suspendre le droit de

1. D. P. 60. 5. 408.
2. *Coutume de Mons*, ch. 53, art. 11.

vaine pâture en cas d'épizootie, de dégel ou de pluies torrentielles. Ce cas avait déjà été prévu par la loi du 6 octobre 1791, dont l'article 19 du titre II s'exprime ainsi : « Aussitôt qu'un propriétaire aura un troupeau malade, il sera tenu d'en faire la déclaration à la municipalité ; elle assignera, sur le terrain du parcours ou de la vaine pâture, si l'un ou l'autre existent dans la commune, un espace où le troupeau malade pourra pâturer exclusivement, et le chemin qu'il devra suivre pour se rendre au pâturage. Si ce n'est point un pays de parcours ou de vaine pâture, le propriétaire sera tenu de ne point faire sortir de ses héritages son troupeau malade ».

La disposition de l'article 11 de la loi nouvelle, a-t-elle voulu dire que, en cas de maladie du bétail, le maire doit, avant d'interdire la vaine pâture, provoquer une délibération du conseil municipal ? Nous ne le croyons pas, et nous pensons qu'il peut, immédiatement, prendre un arrêté, de sa propre autorité.

Cette interprétation nous semble conforme à la lettre de la loi municipale de 1884. L'article 91 de cette loi nous dit, en effet, que le maire est chargé de la police municipale, et l'article 97 vient compléter cette décision en citant, à titre d'exemples, un certain nombre de cas dans lesquels le maire est chargé d'assurer le bon ordre, la sûreté et la salubrité publique ; or parmi ces cas nous trouvons : « 6° Le soin de prévenir, par des précautions convenables, et celui de faire cesser, par la distribution des secours nécessaires, les accidents et les fléaux calamiteux, tels que les incendies, les inondations, les maladies épidémiques ou contagieuses, *les épizooties.* » L'interdiction momentanée de la vaine pâture, ou le cantonnement des animaux malades sur une partie déterminée du territoire, rentre donc, à notre avis, dans cette classe d'actes. De plus, la déclaration d'une épizootie sur les bestiaux, demande des mesures rapides, et qui, souvnt, ne sont efficaces que quand elles ont été prises dès le premier moment ; le maire serait entravé dans son action, s'il était obligé de provoquer une délibération du conseil municipal, et d'en attendre le résultat. Mais alors, nous dira-t-on, que signifie la disposition de la loi ? La loi a voulu dire, à notre avis, que le conseil municipal peut prendre un arrêté général, autorisant le maire à suspendre l'exercice du droit en cas d'épizootie. Alors le législateur nous donne ici une disposition qui est inutile, en présence de celles de la loi de 1884 ? Nous répondrons que nous préférons considérer comme inutile une disposition qui peut avoir sa cause dans une distraction du législateur, oubliant, sur ce point spécial, les pouvoirs donnés au maire par la loi municipale, que de la considérer comme contradictoire et dangereuse. Contradictoire puisqu'elle attribuerait aux conseils municipaux un pouvoir que la loi de 1884 donne expressément aux maires agissant seuls et de leur propre autorité ; dangereuse, puisque, comme nous l'avons dit tout à l'heure, la gravité de la situation exige une mesure prompte.

Nous n'avons pas à nous occuper ici de la loi du 22

juillet 1881, sur la police sanitaire des animaux, et des différents décrets qui ont successivement régi cette matière. Ces questions ne se rattachent par aucun lien au droit de vaine pâture, et leur exposé sortirait des limites de notre étude.

Enfin, un dernier point sur lequel portent les règlements municipaux, c'est la détermination du nombre de têtes de bétail que chaque propriétaire ou fermier peut envoyer au pâturage. La loi laisse sur ce point, pleine latitude aux conseils municipaux, et ne fait que fixer un minimum : « Tout chef de famille domicilié dans la commune, alors même qu'il n'est ni propriétaire ni fermier d'une parcelle quelconque des terrains soumis à la vaine pâture, peut mettre sur les dits terrains, soit par troupeau séparé, soit dans le troupeau en commun, six bêtes à laine et une vache avec son veau, sans préjudice des droits plus étendus qui lui seraient accordés par l'usage local ou le titre. » La loi de 1889 a reproduit, sur ce point, la règle admise par le législateur de 1791, règle que celui-ci avait lui-même emprunté aux anciens usages coutumiers. Cette disposition peut paraître, au premier abord, d'une utilité très contestable, car les habitants ne possédant, sur le territoire de la commune, aucune parcelle soumise à la vaine pâture, n'ont ordinairement pas de bestiaux, car ils ne pourraient les nourrir pendant le temps où le pâturage ne s'exerce pas. En supposant que cette utilité, ne soit, en effet, pas très grande, le caractère équitable de la disposition suffit à la justifier, et à la mettre à l'abri des at-

taques de ceux qui ont voulu y découvrir une atteinte aux droits des propriétaires. De plus, elle a servi, à notre avis, à favoriser l'extension du contrat de cheptel à moitié, ou, le plus souvent, du contrat improprement appelé cheptel, et qui consiste, d'après le Code civil, à donner une ou plusieurs vaches pour les loger et les nourrir. Ce genre de contrat, a, dans quelques régions, et en particulier dans certaines parties de la Bourgogne, de la Franche-Comté et de la Champagne, pris d'assez grands développements depuis quelques années. Cette extension est due, nous semble-t-il, à la période critique qu'ont traversée les propriétaires de vignes ; ils ont demandé au contrat de cheptel, les moyens d'existence que ne leur fournissaient plus leurs vignobles.

Quoi qu'il en soit cette disposition s'applique toujours, incontestablement, à la minorité des habitants d'une commune. La grande majorité est donc régie par le règlement municipal qui limite à tant par hectare le nombre de têtes de bétail que chaque propriétaire ou fermier à le droit de mettre sur la pâture. Voyons quelles doivent être les bases de ce règlement, et quels terrains on doit faire entrer en ligne de compte dans le calcul. Nous devons d'abord faire remarquer que, antérieurement à la loi de 1791, dans une grande partie de la France, le nombre de têtes de bétail que chaque propriétaire ou fermier avait le droit de conduire à la pâture, était calculé, sur le bétail qu'il pouvait abriter pendant l'hiver (1). Depuis la loi

1. Ferd. Jacques, *Revue critique*, 1891, p. 112.

de 1791, au contraire, la base de ce calcul est l'étendue
des propriétés de chacun. Cette différence est, il est vrai,
plus apparente que réelle, puisque, le plus souvent, un
propriétaire ne possède que le nombre de bestiaux qu'il
peut abriter et nourrir, nombre qui est proportionné à
l'étendue de ses terres. De là vient sans doute que beaucoup de communes négligent de mentionner, dans les
règlements municipaux, le nombre de bestiaux que chacun peut faire paître. On admit alors, conformément à
un arrêt de la Cour de cassation, du 21 février 1863 (1),
que chacun pourrait envoyer au pâturage le nombre de
têtes de bétail qu'il possédait ; ce qui ne veut pas dire,
cependant, que chaque propriétaire puisse augmenter à
son gré le nombre d'animaux qu'il possède, et que tous
ces animaux auront droit au pâturage ; ce serait supprimer toute réglementation, et l'on arriverait promptement
à imposer à un territoire plus de bestiaux qu'il ne peut
en nourrir.

Etant donné que les arrêtés municipaux fixent le nombre de bestiaux à tant par hectare, quels sont les terrains
qui doivent entrer en compte dans ce calcul ? La loi nous
répond : les terrains soumis à la vaine pâture, ce qui ex-
clut les terrains clos, pour lesquels le Code civil à une
disposition spéciale : « Le propriétaire qui veut se clore
perd son droit au parcours et à la vaine pâture, en proportion du terrain qu'il y soustrait » (art. 648), les vi-

1. Voy. *Correspondant des justices de paix*, année 1863, p, 222.

gnes, jardins, etc., et aussi les prairies artificielles non annuelles, telles que luzerne, sainfoin, etc. Nous disons les
prairies artificielles non annuelles, car, à notre avis, les
prairies annuelles, telles que le trèfle, par exemple, doivent compter dans le calcul, de même que les terrains
emplantés en pommes de terre, betteraves, etc... Ces terrains, en effet, n'échappent à la vaine pâture que pendant
l'année où ils sont couverts de récoltes; ce n'est donc qu'une
suspension momentanée de l'exercice de la servitude, qui
doit reprendre l'année suivante. Il nous paraît utile d'indiquer ici, à titre d'exemple de cette réglementation, le
conseil que donne Lepasquier de rédiger un tableau in-
diquant par colonnes séparées :

1° Le nombre de tous les chefs de famille, sans exception, propriétaires, fermiers ou autres, domiciliés dans la
commune.

2° Le nombre des chefs de famille, propriétaires ou fermiers, qui n'y sont pas domiciliés.

3° L'étendue des héritages possédés par chaque chef de
famille, et susceptibles d'être ouverts à la vaine pâture
après la récolte.

Nous pouvons ajouter qu'il faudrait indiquer aussi,
dans une colonne séparée, l'étendue des prairies naturelles possédées par chacun ; et voici pourquoi :
dans un grand nombre de communes où la vaine pâture existe sur les prairies naturelles après l'enlèvement
du premier fruit, le pâturage en est réservé aux bovins,
alors que les moutons et les chèvres sont cantonnés sur

les terrains cultivés dépouillés de leur récolte. Or, nous semble-t-il, le nombre de bovins que chaque propriétaire ou fermier a le droit de mettre au pâturage, doit être proportionné à l'étendue des prairies naturelles non closes que chacun possède sur le territoire de la commune, de sorte que si l'un d'eux usait de la clôture pour soustraire tous ses prés à l'exercice de la vaine pâture, il n'y aurait plus droit pour les bovins, bien qu'il possédât, d'autre part, des terrains cultivés soumis au droit. En un mot, dans les communes dont nous parlons, il y a, sur le territoire, deux parties bien distinctes pour l'exercice du droit : les prairies naturelles et les terrains cultivés ; elles ont chacune leur espèce différente d'animaux, et doivent avoir chacune leur réglementation séparée.

Pour terminer ces diverses observations, il nous reste à constater que les terrains donnés à bail comptent dans le calcul pour le fermier, et non pour le propriétaire, même si celui-ci est domicilié dans la commune. Il en serait autrement des terrains loués pour une année seulement ; les locataires de ces terrains n'ont pas, en effet, le caractère de fermiers exploitants, exigé par la loi, et les terrains ainsi loués comptent pour le propriétaire.

Un dernier point doit attirer notre attention, c'est le règlement relatif à l'usage du troupeau en commun, mais ce point rentre dans le mode d'exercice de la vaine pâture, dont il sera traité postérieurement.

Voyons maintenant quelles formalités doit remplir le conseil municipal pour rendre ces règlements exécutoires,

en un mot, quelles sont les conditions de validité des règlements.

§ 2. *Conditions de validité des règlements.* — Il faut d'a-
bord, bien entendu, que la délibération prise pour demander le rétablissement du droit, soit postérieure à la loi
autorisant cette délibération. Par conséquent, s'il ne s'agit
que du rétablissement sur les terres cultivées dépouillées
de leurs récoltes, il suffit que la délibération soit postérieure à la loi de 1889 ; mais si elle a pour objet le rétablissement du droit sur les prairies naturelles, il faut
qu'elle ait eu lieu, pour être valable, après la promulgation de la loi de 1890 : antérieurement à cette loi la délibération n'avait pas d'existence légale.

Pour ce qui est des règlements municipaux relatifs à
l'exercice de la vaine pâture, la loi du 5 avril 1884 exige
que, pour devenir exécutoires, ils soient approuvés par
le préfet statuant en conseil de préfecture. L'article 68
de cette loi dit en effet : « Ne sont exécutoires qu'après
avoir été approuvées par l'autorité supérieure, les délibérations portant sur les objets suivants : ... 6° la vaine pâture, et l'article 69, § 2 décide : « Le préfet statue en
conseil de préfecture dans les cas prévus aux N°s 1,2,4,6,
de l'article précédent. » Deux conditions sont donc nécessaires :

1° Que la délibération ait été approuvée par le préfet ;

2° Qu'il ait été statué sur cette approbation en conseil
de préfecture. L'approbation préfectorale n'est, du reste,
soumise à aucune forme déterminée, de sorte qu'elle peut

résulter implicitement de tout acte émané de l'autorité
préfectorale, et qui suppose nécessairement l'autorisation,
mais elle ne pourrait résulter du silence et du laisser
faire, car nos lois n'admettent en aucun cas qu'une formalité substantielle puisse s'accomplir tacitement (1).

Le préfet peut donc, en présence d'une délibération du
conseil municipal, accorder ou refuser son approbation.
A supposer qu'il la refuse, le conseil municipal a-t-il un
recours, et, s'il en a un, devant qui doit-il être porté ? Le
troisième paragraphe de l'article 69 précédemment cité
nous répond : « Lorsque le préfet refuse son approbation,
ou qu'il n'a pas fait connaître sa décision dans un délai
de un mois à partir de la date du récépissé, le conseil municipal peut se pourvoir devant le ministre de l'intérieur. »

Mais si le préfet a le pouvoir d'accorder ou de refuser
son approbation, il n'a pas celui de modifier la délibération du conseil municipal. Il a été décidé par le Conseil
d'Etat que ce serait là, de la part du préfet, un excès de
pouvoir qui entraînerait la nullité de l'arrêté.

Une fois le règlement approuvé, il doit être, comme
tout règlement municipal, porté à la connaissance des habitants, selon l'usage des lieux, soit par affiches, soit à
son de trompe ou de tambour, etc... Cependant, s'il ne concerne que quelques habitants, il serait exécutoire après
avoir été notifié à eux seuls.

§ 3. *Sanction.* — Lorsqu'un règlement municipal est

1. Rapport de M. Vivien sur la loi municipale du 18 juillet 1837.

devenu exécutoire, ceux qui y contreviennent, soit en conduisant au pâturage un plus grand nombre de bestiaux que ne leur accorde le règlement, soit de toute autre manière, sont passibles d'une amende de simple police de 1 à 5 francs, conformément au 15° de l'article 471 du Code pénal. Nous aurons du reste, l'occasion de revenir sur ce sujet, en traitant des actions qui naissent du droit de vaine pâture, ou qui s'y appliquent.

En résumé, il peut donc y avoir deux classes de règlements municipaux, concernant le droit de vaine pâture : 1° Une délibération du conseil municipal, qui règle le mode général d'exercice du droit, et les mesures que l'on peut regarder comme constitutives du mode d'exploitation des terrains assujettis. Cette délibération doit être approuvée, ainsi que nous l'avons vu, par le préfet statuant en conseil de préfecture. 2° Des arrêtés du maire pris en vertu du pouvoir de police que lui donne l'article 95 de la loi municipale du 5 avril 1884, et qui règlent les points de détail, ou qui ont pour but de porter à la connaissance des habitants les délibérations du conseil municipal ; ces arrêtés sont valables et obligatoires sans approbation spéciale.

CHAPITRE II

Nous venons de voir à quelles conditions le droit de
vaine pâture peut exister, et comment le conseil municipal peut le réglementer ; demandons-nous maintenant
sur quoi peut porter l'exercice de ce droit, et comment
les habitants de la commune pourront profiter des avantages qu'il leur confère. Cette étude fera l'objet de notre
première section.

Dans une seconde section, qui aura beaucoup plus
d'importance et d'étendue que la première, nous parlerons
des moyens de se soustraire à la servitude, et en particulier de la clôture.

Section I. — Exercice du droit.

§ 1. — *Quels terrains sont soumis au droit.* — Nous avons
vu que les règlements municipaux pouvaient faire varier
l'étendue et la nature des terrains soumis à la vaine pâture, soit qu'ils y assujettissent les prairies naturelles,

soit qu'ils les excluent, et qu'ils se contentent de soumettre à l'exercice du droit les terrains dépourvus de récoltes. Ce pouvoir de faire pâturer les prairies naturelles,
soit après l'enlèvement du premier fruit, soit seulement
après la récolte du regain, avait été, ainsi que nous avons
pu nous en rendre compte précédemment, enlevé aux
conseils municipaux, par la loi de 1889 ; il leur a été
rendu par celle de 1890, et cette disposition spéciale a
même été le but principal, pour ne pas dire unique, de
cette dernière loi.

La question de savoir ce qu'il faut entendre par prairies
naturelles, a été soulevée, lors de la discussion de la loi, par
M. le marquis de d'Estournel. M. Bourgeois, rapporteur, a
répondu que, sans vouloir donner une définition qu'on pouvait trouver dans la loi ou dans les usages locaux, il admet-
tait que les prairies naturelles étaient celles où avait lieu
la vaine pâture dans le passé. Si nous osions donner ici une
définition générale des prairies naturelles, nous pourrions
dire que ce sont celles qui sont destinées à rester en
prairies pendant un temps très long, et pour ainsi dire
indéfini, sans subir de labour. Elles se distinguent encore, au point de vue agricole, des prairies artificielles,
quant à leur composition : la prairie naturelle est for-
mée d'un très grand nombre de plantes fourragères, alors
que la prairie artificielle en comprend deux ou trois espèces, au plus.

A cette grande latitude de réglementation qu'elle
donne aux conseils municipaux, la loi apporte deux res-

trictions qui ont été maintenues en 1890 : 1° La vaine
pâture ne peut jamais s'exercer sur les prairies artificielles. La raison en est, comme nous l'avons déjà fait remarquer, que ce ne serait plus un droit de vaine pâture,
mais bien un droit de vive pâture, puisque les prairies
artificielles sont toujours en état de produit. On peut
ajouter de plus, au point de vue agricole, que la consommation en vert, par les bestiaux, des produits
des prairies artificielles, et en particulier du trèfle, est
nuisible au bétail. Cependant, avant la loi de 1889, la
question était discutée pour le cas où le droit de vaine
pâture reposait sur un titre. On a accusé Proudhon, en
particulier, d'admettre qu'alors les prairies artificielles
étaient soumises à la servitude (1). A notre avis, c'était
mal comprendre la pensée du grand jurisconsulte. Lorsqu'il disait que, dans ce cas, « il ne pourrait être défendu
à l'usager de jouir de son droit de servitude même sur
les prairies artificielles après la fauchaison des foins »,
il avait en vue la vaine pâture à titre particulier, et non
la vaine pâture coutumière, même fondée sur un titre ;
il suffit de lire la suite du paragraphe pour s'en convaincre. Quoi qu'il en soit, depuis la loi nouvelle, aucun
doute ne peut subsister ; le législateur s'est expliqué
très clairement sur ce point.

2° Elle ne peut avoir lieu sur aucune terre ensemencée
ou couverte d'une production quelconque faisant l'objet

1. Proudhon, *Droits d'usage*, t. I, n° 343.

d'une récolte, tant que la récolte n'est pas enlevée. Cette prohibition de la loi était à peu près inutile, car un droit de cette nature sur une terre ensemencée serait tout l'opposé du droit de vaine pâture, et contraire à sa définition elle-même. Mais le législateur a voulu l'interdire explicitement pour couper court à toute difficulté d'analyse ou d'interprétation.

Enfin, une conséquence qui se déduit implicitement des dispositions de la loi, c'est que la vaine pâture ne peut jamais avoir lieu sur les prairies naturelles avant l'enlèvement du premier fruit, pas plus que sur les terrains clos qui en sont affranchis par l'article 6.

Il nous reste maintenant à voir si le droit existe sur certaines parties du territoire communal, qui, à raison de la nature des terrains, ne se trouve pas comprises dans les classes précédentes.

Vaine pâture dans les marais. — On a considéré comme un droit de vaine pâture, la faculté pour tous les habitants d'une commune, de faire paître leurs troupeaux sur des prés marais, après la coupe de la drèche, qui en était la seule récolte. (Chambéry, 15 février 1872. — Cassation, 28 avril 1873) (1).

Vaine pâture sur les chemins. — La vaine pâture s'exerçait autrefois sur les grands chemins, car, ainsi que le dit Guyot (2), les chemins servent de passage aux bestiaux

1. S. 73. 1. 450.
2. Guyot. *Répertoire*, au mot Vaine pâture, p. 16.

qui se rendent au pâturage, et il serait très difficile, pour ne pas dire impossible, de les empêcher d'en paître l'herbe. Aujourd'hui, sur les routes nationales ou départementales, la vaine pâture est défendue lorsque ces routes sont plantées de jeunes arbres, ou de haies d'épines ou autres (1), à cause du dégât que pourraient y causer les bestiaux ; en effet, ce sont en général les moutons et les chèvres qui jouissent de ce pâturage, et leur dent est particulièrement dangereuse aux plantations ; au contraire, lorsque ces routes ne sont plantées ni de jeunes arbres ni de haies vives, la vaine pâture y est permise, ainsi qu'il a été décidé par le Conseil d'Etat le 28 mai 1852, le 1er juin 1864, le 17 janvier 1873. S'il s'agit de chemins vicinaux, le règlement du 21 juillet 1854 défend de faire ou de laisser paître les bestiaux sur les bords et talus de ces chemins. Enfin, quant aux chemins ruraux, ils dépendent complètement de l'administration communale ; elle peut y autoriser le pâturage, comme elle peut aussi l'y interdire.

Vaine pâture dans les bois. — Le droit de vaine pâture existait autrefois dans les bois, même sous l'empire de la loi de 1791 ainsi que nous le démontre l'article 8 : « Entre particuliers tout droit de vaine pâture fondé sur un titre, *même dans les bois...* » Lepasquier en a fait une longue étude dans la troisième section du chapitre 11 de son traité. Depuis la promulgation du Code forestier, la vaine pâture

1. Arrêt du Conseil, du 16 décembre 1759, toujours en vigueur.

n'existe plus dans les bois (1) ; la section 8 du titre III du Code forestier a, en effet, soumis le droit de pâturage dans les bois, à des règles spéciales, qui diffèrent complètement de celles de la vaine pâture, règles que nous n'avons pas à examiner ici ; elles ont été édictées par cette raison qu'il fallait sauvegarder les forêts des dégâts que pouvaient y causer le pâturage, tout en utilisant autant que possible les produits qui pouvaient être utilement consommés par les bestiaux. Le pâturage dans les bois est un droit de vive pâture.

§ 2. — *Quelles personnes peuvent l'exercer ?* — Il n'est pas nécessaire, pour exercer le droit de vaine pâture, d'être domicilié dans la commune où il existe, il suffit d'y avoir une exploitation, d'y posséder des terrains soumis au droit. Nous avons donc trois catégories de personnes pouvant profiter des avantages de la servitude :

1° Celles qui, sans habiter la commune, y possèdent des terrains, soit à titre de propriétaires, soit à titre de fermiers.

2° Celles qui habitent la commune et y sont propriétaires.

3° Celles qui habitent la commune, mais n'y possèdent aucune parcelle de terrain.

§ 3. *Comment il doit s'exercer.* — Nous avons dit plus haut que le droit de vaine pâture était, en quelque sorte, un usufruit restreint dans le mode de perception des fruits ; cette perception ne peut se faire, en effet, que par

1. Gauwain, *Législation rurale*, p. 132.

le pâturage; les propriétaires de bestiaux n'auraient nullement le droit d'enlever l'herbe pour la faire consommer aux animaux ailleurs que sur les terrains asservis. Si ce droit leur était accordé, nous n'aurions plus un droit de vaine pâture, mais bien un droit de copropriété ou un droit d'usage.

La vaine pâture s'exerce soit par troupeaux séparés soit au moyen du troupeau en commun, conformément aux usages locaux. Le maire peut donc nommer un berger communal, qui doit être agréé par le conseil municipal. La nomination de ce berger n'enlève pas aux propriétaires, le droit que leur reconnaît la loi, de faire paître leurs bestiaux par troupeaux séparés, mais un droit que la jurisprudence refuse, avec raison, d'admettre, c'est celui, pour plusieurs propriétaires, de réunir leurs bestiaux en un troupeau distinct du troupeau commun. Nous ne sommes plus ici dans l'esprit de la loi, qui a simplement voulu dire que *chaque* propriétaire pouvait faire paître *ses propres* bestiaux en troupeau séparé.

La réunion des animaux en un troupeau commun a l'avantage de rendre plus facile la surveillance pour la répression des délits ou contraventions qui pourraient se commettre à l'occasion de l'exercice du pâturage.

Le berger communal est pénalement responsable des bestiaux qui sont confiés à sa garde; il a accepté la charge, il est juste qu'on puisse avoir un recours contre lui pour le cas où il s'en acquitterait mal. Quant à la réparation du dommage que peuvent causer les animaux soumis à sa garde, c'est la commune qui en est responsable, et non les propriétaires des animaux trouvés en délit. En effet, ces propriétaires sont obligés de confier leurs troupeaux au pâtre commun, on ne saurait donc mettre à leur charge les fautes commises par ce pâtre ; mais pour cela, il faut, bien entendu, qu'il y ait eu une nomination régulièrement faite par le maire, et approuvée par le conseil municipal.

D'autre part, si les bestiaux conduits par un berger particulier ont causé quelque dommage aux propriétés, le berger est pénalement responsable, et son maître doit la réparation civile. Ces décisions reposent sur ce principe de droit pénal que chacun est personnellement responsable de ses infractions, en même temps que sur la règle posée par l'article 1384 du Code civil : « On est responsable, non seulement du dommage que l'on cause par son propre fait, mais encore de celui qui est causé par les personnes dont on doit répondre, ou des choses que l'on a à sa garde ».

Le maire peut également imposer une taxe de tant par tête de bétail à ceux qui veulent mettre leurs bestiaux au troupeau commun ; cette taxe sert à payer le berger communal. Les propriétaires qui usent du droit de pâture par troupeaux séparés ne sont pas astreints à la payer.

Il ne faut pas confondre cette taxe du troupeau commun avec ce que l'on appelle la taxe de pâturage. Cette dernière peut être imposée comme redevance aux propriétaires qui usent du droit de vive pâture sur les terrains communaux, et par le seul fait qu'ils en usent, même en conduisant leurs bestiaux par troupeaux séparés. Ces deux redevances n'ont pas la même cause : pour l'une cette cause est le fait de confier ses animaux au berger communal ; pour l'autre, le fait de les faire paître sur les terrains dont la commune est propriétaire, et dont le pâturage a été affermé. Imposer aux habitants une redevance pour qu'ils puissent user du droit de vaine pâture sur le territoire communal, serait, pour le conseil municipal, dépasser ses pouvoirs, puisqu'il créerait un véritable impôt.

Dans un grand nombre de communes, l'autorité municipale néglige de régler le mode d'exercice du droit de vaine pâture, et de nommer un berger communal. Elle laisse donc aux habitants pleine latitude pour le mode de pâturage qu'ils veulent employer, soit qu'ils réunissent leurs bestiaux en un troupeau commun, soit qu'ils les envoient séparément à la pâture ; il n'y a d'autre limite à cette liberté que celle apportée par la détermination du nombre de bestiaux que chacun a le droit de mettre en pâture.

Section II. — Des moyens de s'affranchir de la servitude.

Il y a deux catégories de moyens d'affranchir les propriétés du droit de vaine pâture : dans la première catégorie, nous rangerons la clôture et le changement d'assolement ou de culture ; ces deux modes ne font qu'apporter

Chiffert   8

un obstacle à l'exercice du droit ; lorsque la clôture n'existe
plus, où lorsque les terrains redeviennent, quant à l'assolement ou au mode de culture, ce qu'ils étaient auparavant,
la vaine pâture peut s'exercer de nouveau, sauf, comme
nous le verrons, l'application de la prescription ; ce ne sont
donc pas des modes d'extinction définitive, mais simplement
des modes d'affranchissement de l'exercice du droit. La
seconde catégorie comprend le cantonnement, le rachat,
la prescription, et enfin un mode d'extinction partielle et
extraordinaire : la division de commune ; ce sont la de
véritables modes extinctifs du droit lui-même. Nous verrons
cependant que le cantonnement et le rachat ne sont pas
applicables à la vaine pâture coutumière, mais seulement
à la vaine pâture à titre particulier.

Etudions successivement ces deux catégories.

§ 1. — *Clôture et changement d'assolement ou de culture.*
— 1. *De la clôture.* — La clôture est le moyen d'affranchissement le plus usité, et pour ainsi dire, le seul véritablement pratique. L'article 647 du Code civil nous dit :
« Tout propriétaire peut clore son héritage ». Avant lui
la loi du 6 octobre 1791 avait décidé que la vaine pâture
ou le parcours ne faisait pas obstacle au droit pour le
propriétaire de se clore. Ce droit, du reste, dérive du droit
de propriété, et en est une conséquence logique. La propriété est quelque chose d'absolu et d'exclusif ; le propriétaire peut donc user de son héritage comme il l'entend,
et en particulier en changer la disposition ; c'est le cas de
la clôture. Pourquoi donc le législateur a-t-il cru devoir

consacrer, par une disposition spéciale, un tel droit, et
n'a-t-il pas laissé à l'interprète le soin de le déduire du
droit de propriété, du moment que celui-ci existe? C'est
que, sous l'ancien régime, les principes de la féodalité,
et la puissance des seigneurs avaient apporté à ce droit de
clôture de profondes restrictions. Le privilège de chasse
en est un exemple frappant.

Une autre restriction, plus importante, peut-être, parce
qu'elle était plus générale, c'était celle apportée par le
parcours et la vaine pâture. D'après le caractère de servitude légale que nous avons accordé à la vaine pâture,
un propriétaire, dans le silence de la loi, n'aurait pas pu
se soustraire à l'exercice de la servitude par la clôture.
Plusieurs coutumes avaient admis cette conséquence, les
unes complètement, les autres partiellement. « Le particulier qui veut fermer son héritage, nous dit Dunod, en
demande parmi nous la permission à la Communauté, et
il l'obtient du juge quand la Communauté la lui refuse,
sans qu'elle souffre un préjudice notable, et quoiqu'il y
ait nécessité ou grande convenance pour lui (1). »

Le législateur devait donc nécessairement se prononcer,
et il est resté fidèle à ses principes en résolvant la question en faveur du droit de propriété.

Une autre circonstance militait en faveur du droit de clôture : la vaine pâture est une atteinte profonde au droit
de propriété, et elle peut être, dans certains cas, une charge

1. Dunod, *Traité des prescriptions*, part. I. chap. XII, p. 83.

fort lourde pour le propriétaire. Pour en donner une idée, prenons un exemple. Un individu est propriétaire d'une prairie située sur le territoire d'une commune voisine ; cette commune a obtenu, conformément aux décisions de la loi nouvelle, le rétablissement de la vaine pâture sur son territoire, et en particulier sur les prairies naturelles après la récolte du premier fruit. Le propriétaire étranger se verra ainsi privé de sa seconde récolte, qui profitera aux habitants de la commune voisine. Il est vrai qu'il aurait le droit de conduire ou de faire conduire au pâturage un nombre de bestiaux proportionné à l'étendue de ses propriétés soumises à la vaine pâture, bien qu'il ne soit pas domicilié dans la commune dont les habitants exercent le droit. En effet, l'article 8 de la loi de 1889 dit que le nombre de bestiaux est proportionné à l'étendue des terrains de chaque propriétaire ou fermier. domicilié ou *non domicilié* dans la commune. Mais il peut arriver, et il arrive souvent, que l'éloignement ou toute autre circonstance, empêche notre propriétaire de jouir de son droit. Il a donc intérêt à chercher un moyen de soustraire son fonds à l'exercice de cette lourde servitude. Ce moyen, ce sera la clôture.

Sous l'empire de la loi de 1791, une difficulté se posait, difficulté qui a longtemps divisé les auteurs et la jurisprudence. Tout le monde reconnaissait le droit de se clore, dans le cas où la vaine pâture était fondée sur un usage immémorial, mais où les opinions différaient, c'était sur la question de savoir si ce droit existait encore quand la vaine pâture était fondée sur un titre. La jurisprudence, dans ce cas, refusait aux propriétaires le droit de clôture (1). Le principal argument qu'elle apportait à l'appui de sa décision était celui-ci : Le droit, nous le supposons, repose sur un titre ; ce titre a pour objet une convention ; or, les conventions font la loi des parties contractantes ; le propriétaire, en voulant se clore, viole donc la convention, puisqu'il cherche un moyen de se soustraire à son exécution.

Comme argument de texte, elle apportait, à l'appui de sa théorie, l'article 7 de la loi rurale de 1791 : « La clôture affranchira du droit de vaine pâture, si ce droit n'est pas fondé sur un titre » ; mais elle omettait, dans cet article, les mots : « entre particuliers », qui nous montrent clairement que le législateur n'avait pas en vue ici la vaine pâture coutumière, mais bien la vaine pâture à titre particulier, dont il sera traité plus loin.

Nous préférons nous ranger à l'opinion contraire, et accorder, dans tous les cas, le droit de clôture au propriétaire. C'était, du reste, la solution admise par la plupart des auteurs (2). A l'appui de notre théorie, nous invoquerons d'abord, avec M. Laurent, un argument de texte : l'article 5 de la loi de 1791 porte que : « Le droit

---

1. Voy. Cass. 27 avril 1846, D. P. 46. 1. 442 ; Nancy, 9 février 1849, D. P. 51. 2. 17.

2. Voy. Merlin, *Questions de droit*, p. 622 et 623. *Rép.* au mot Vaine pâture : Laurent, t. VII, n° 445 ; Demolombe, t. XI, n° 288 ; Demante, t. II, n° 502 *bis*. En sens contraire, Toullier, t. III, n° 161 ; Duranton. t. V, n° 265.

de parcours, et le droit simple de vaine pâture ne pourront, *en aucun cas*, empêcher les propriétaire de clore leurs héritages.» Cette disposition si formelle de la loi nous paraît donc devoir comprendre tous les moyens d'établissement du droit de vaine pâture et notamment le titre. Si le législateur avait eu l'intention de l'excepter, il n'aurait pas employé un langage aussi explicite, ou tout au moins il l'aurait corrigé par des restrictions.

MM. Aubry et Rau professent la même doctrine ; ils nous disent en effet (1) : « Les termes « *en aucun cas* », dont le sens se détermine par les dispositions des articles qui précèdent, expriment évidemment cette idée que la vaine pâture communale, ne peut faire obstacle à la faculté de se clore, de quelque manière que ce droit se trouve établi ».

Quant à l'argument sur lequel la jurisprudence base son système, il ne nous semble pas concluant. Son raisonnement repose, il est vrai, sur un principe d'une vérité incontestable, à savoir que les contrats font la loi des parties contractantes, mais est-ce bien le cas d'appliquer ici l'article 1134 du Code civil ? Que sont, en effet, les *titres* dont parle la loi, et sur lesquels est fondée la servitude? Sont-ce des contrats ? Non, à notre avis ; ce ne sont que des constatations de l'entente intervenue entre les habitants, et par laquelle ceux-ci ont admis le droit réciproque de vaine pâture sur leurs propriétés ; ce ne

1. Aubry et Rau, t. II, § 191, page 176, note 19.

sont donc pas des conventions au sens propre du mot, et qui doivent faire loi entre les parties. Au reste, le droit de vaine pâture est une servitude qui, ainsi qu'il résulte de son nom même, ne doit pas nuire notablement aux propriétés asservies, puisqu'il ne consiste que dans la perception de produits que le propriétaire est censé abandonner. Or, l'interdiction de clore serait une atteinte considérable au droit de propriété, atteinte qui, nous le pensons, serait contraire au but que le législateur a eu en vue lorsqu'il a toléré plutôt qu'admis le droit de vaine pâture.

La loi de 1889 a, nous semble-t-il, tranché la question en se rangeant à l'opinion que nous avons admise : « Le droit de vaine pâture, *établi comme il est dit en l'article 2*, ne fait *jamais* obstacle à la faculté que conserve tout propriétaire, soit d'user d'un nouveau mode d'assolement ou de culture, soit de se clore. Les mots : *établi comme il est dit en l'article 2*, visent donc aussi bien le cas où le droit est fondé sur un titre, que celui où il est fondé sur une ancienne coutume ou sur un usage immémorial, et le mot *jamais*, qui vient s'y ajouter, ne laisse subsister aucun doute. De plus, en réalité, depuis 1889, la vaine pâture, dans les communes où elle existe encore, a toujours la même base, base nouvelle qui remplace le titre ou l'usage immémorial, et qui est la délibération du conseil municipal. Il ne peut donc plus y avoir, à ce sujet de discussion possible, et le droit de clôture appartient, dans tous les cas, aux propriétaires. Le conflit que nous avons exposé n'a plus qu'un intérêt historique.

Nous devons faire remarquer que, dans cette discussion, nous n'avons eu en vue que la vaine pâture coutumière. La vaine pâture à titre particulier, établie sur un titre, fait obstacle, ainsi que nous le verrons plus tard (2e partie, chap. IV) au droit de se clore. Nous entendons également par vaine pâture à titre particulier, celle établie sur un héritage particulier au profit d'une commune ; ce n'est plus là en effet, la vaine pâture coutumière, droit appartenant à la généralité des habitants d'une commune, et s'appliquant à la généralité du territoire. Non, la commune, dans notre hypothèse, joue le rôle d'un particulier ; elle est considérée comme personne morale, ayant contractée avec un particulier, et par conséquent comme partie contractante.

Nous concluons donc que, dans tous les cas, les propriétaires peuvent s'affranchir par la clôture, de la servitude de vaine pâture coutumière, quelque soit le fondement de cette servitude, et qu'ils peuvent enclore la totalité de leurs propriétés, sauf l'application de l'article 648 du C. c. La loi n'admet pas la restriction que nous rencontrons dans certaines de nos anciennes coutumes, et en particulier dans la coutume de Boulonnais, où le propriétaire ne pouvait enclore que « le quint de son fief(1) ».

Voyons maintenant quelles conditions doit remplir la

1. *Cout. du Boulonnais*, art. 151.

clôture pour arriver à son but d'affranchissement. Le législateur nous dit : « Est reputé clos tout terrain entouré, soit par une haie vive, soit par un mur, une palissade, un treillage, une haie sèche d'une hauteur d'un mètre au moins ; soit par un fossé de 1 m. 20 à l'ouverture et de 0 m. 50 de profondeur, soit par des traverses en bois ou des fils métalliques distants entre eux de 0 m. 33 au plus, et s'élevant à un mètre de hauteur, soit par toute autre clôture continue et équivalente, faisant obstacle à l'introduction des animaux ».

Ce que la loi a voulu, c'est que le terrain fut réellement en défens, et l'énumération qu'elle donne, sans être limitative, a pour but de nous montrer qu'elle a entendu prohiber toute clôture fictive ; ce n'est donc pas dans le mode de clôture qu'emploient les propriétaires, que la loi recherche le critérium de validité, mais bien dans les résultats de cette clôture ; empêche-t-elle l'introduction des animaux, le terrain est réputé clos ; dans le cas contraire, la clôture est inutile.

Mais il y a des degrés dans l'efficacité et l'entretien d'une clôture. Supposons par exemple un terrain entouré d'une haie vive : il peut se faire qu'il y ait, dans la haie, quelques brèches, mais ces brèches n'autorisent point les propriétaires de bestiaux à user, sur ce terrain, du droit de vaine pâture, à moins qu'elles ne soient si nombreuses qu'il devienne à peu près impossible d'empêcher les bestiaux de pénétrer dans l'héritage. Mais, si l'on n'a pas le droit d'introduire volontairement ses animaux sur un terrain enclos, l'existence de brèches est une excuse dans le cas où les animaux s'y seraient introduits indépendamment de la volonté de celui qui les garde. Tout cela est, du reste, une question d'appréciation réservée aux tribunaux compétents.

Le mode le plus employé, pour enclore les terrains, est celui des piquets reliés entre eux par des fils métalliques. Cette clôture a l'avantage d'être rapidement établie, de coûter relativement peu cher, surtout dans les pays où le bois se trouve en grande quantité, et enfin, de perdre fort peu de terrain, contrairement aux haies ou fossés. Notre législateur a donc pris la peine de la réglementer assez minutieusement : elle doit avoir une hauteur d'au moins un mètre, et les fils métalliques doivent être distants entre eux de 0 m. 33 au plus ; par conséquent il faut au minimum trois rangs de fils. Une condition que notre article ne nous indique pas explicitement, mais qui, en réalité, est comprise dans les derniers mots, c'est que cette clôture doit avoir assez de force pour résister aux bestiaux cherchant à s'introduire dans la propriété. C'est donc inutilement que certains propriétaires ont cru pouvoir s'affranchir du droit de vaine pâture, en entourant leurs terrains de fils métalliques maintenus par des piquets incapables de résister au choc des bestiaux. C'est ainsi encore qu'il a été jugé (1) qu'un ruisseau facile à franchir à l'époque du pâturage, n'est pas réputé, cons-

1. Liège, 25 février 1875. D. *Sup.* au mot Droit rural, n° 84.

tituer une clôture suffisante, bien qu'à certains moments
de l'année, ce ruisseau puisse constituer un obstacle in-
franchissable, à moins, bien entendu, que ce ruisseau ne
réunisse les conditions, précédemment indiquées, de la
clôture par fossé.

Si un propriétaire use du droit de se clore pour soustraire son héritage à la vaine pâture, il faut tout au moins
que, par l'exercice de ce droit, il ne nuise en rien aux
propriétaires voisins ; c'est cette pensée qui a poussé le
Sénat à proposer un paragraphe qui devait être ajouté à
l'article 6 de la loi du 9 juillet 1889, et qui était ainsi
conçu ; « Quand la clôture entre deux héritages est établie par l'un des propriétaires, si elle consiste en un fossé,
le fossé doit être creusé à 0 m. 25 au moins de la ligne
séparative ; si elle consiste en une haie vive, la haie vive
doit être plantée à 0 m. 60 de ladite ligne, à laquelle on
peut juxtaposer toute espèce de clôture ».

Cette disposition aurait eu l'avantage d'assurer sur ce
point l'uniformité de règles pour toute la France, en créant
une distance légale qui n'aurait pu varier suivant les
usages locaux ; mais elle avait, à notre avis, le grave inconvénient de ne comprendre que deux modes de clôture,
à savoir : le fossé et la haie vive ; or, il est inexact de
penser que tout autre clôture, établie sur la ligne séparative de deux héritages, ne puisse, en aucun cas, nuire
aux propriétaires voisins. Prenons un exemple : la clôture par fils métalliques ; au premier abord, on ne voit
pas comment elle peut être nuisible aux voisins, puis-

qu'elle n'est pas susceptible d'absorber une partie de leurs terrains, soit par éboulement, comme le fossé, soit par empiétement, comme la haie vive. Mais supposons que le propriétaire qui a enclos son héritage, use de son droit d'y faire paître ses bestiaux, sans gardien, avant la récolte du premier fruit ; l'héritage voisin peut avoir à en souffrir, car les animaux, trouvant sur ce terrain une nourriture plus abondante, brouteront l'herbe en passant la tête entre les fils métalliques. Le propriétaire du terrain ainsi dévasté pourrait, il est vrai, réclamer des dommages-intérêts ; mais ce serait là une source très féconde de procès, source que la plupart des usages locaux ont voulu tarir, en décidant que les clôtures devront être placées à environ 0 m. 50 de la ligne séparative des propriétés. Cette règle ne fait pas obstacle, cependant, dans les pays où elle est admise, à ce que deux propriétaires voisins établissent à frais communs, une clôture sur la ligne séparative des deux héritages. Chacun d'eux, dans ce cas, fait abandon à l'autre, par une sorte de convention tacite, du droit qu'il aurait d'exiger l'observation de la distance déterminée par les usages locaux, et la légalité d'une pareille convention ne fait aucun doute.

La disposition proposée par le Sénat ne fut pas admise par la Chambre des députés, qui a pensé que son admission sortirait du cadre spécial de la loi. La réglementation reste donc soumise aux usages locaux, de sorte que les distances à observer varient suivant les contrées.

Nous concluons de tout ceci que, pour affranchir le ter-

rain clos du droit de vaine pâture, la clôture doit empêcher réellement l'introduction des bestiaux, et que la loi
ne reconnaît, à ce point de vue, aucune force à la clôture
fictive, du moins dans les pays où ce mode d'affranchissement de la servitude n'est pas reconnu par les usages
anciens. La jurisprudence a décidé, en effet, que la loi de
1791 n'a pas abrogé, à cet égard, les anciens usages, et nous
nous rangeons volontiers à son avis. Ainsi, dans certaines
localités, les règles en vigueur admettent pour les propriétaires, le droit de s'affranchir de la vaine pâture par
la simple renonciation à la réciprocité ou par une clôture
fictive qu'on a appelée clôture symbolique ; par exemple
dans les Basses-Alpes, l'Ardèche et le Var, cette clôture
consiste dans des tas de pierres ou de mottes qui ont reçu
le nom de *montjoie* ; dans la Somme, ce sont des buttes
de terre, des torches de paille ; dans le Rhône et l'Oise,
une raie de labour, etc. La Cour de cassation s'est prononcée en ce sens dans un arrêt du 28 avril 1873 (1). Nous
admettons, avec M. Rau, conseiller rapporteur dans cette
affaire, que cette décision ne viole en rien les dispositions
de la loi rurale de 1791, pas plus que celles de la loi de
1889. Les partisans de l'opinion contraire prétendent
que le législateur a voulu établir une règle uniforme en
décidant que le seul moyen d'affranchissement serait la
clôture. Oui, bien certainement, quand les usages locaux
n'en admettent pas d'autres ; mais autrement cette opi-

1. D. P. 74. 1. 174.

nion nous paraît être contraire au texte et à l'esprit des lois de 1791 et de 1889. Au texte d'abord, car la loi de 1791 admet la vaine pâture à la condition qu'elle « *ne sera exercée que conformément aux règles et usages locaux* » ; celle de 1889 nous dit que tout terrain clos est affranchi de la vaine pâture, mais elle ne nous dit pas que la clôture soit absolument nécessaire à cet affranchissement. A l'esprit : le Code rural de 1791, et plus encore celui de 1889, a eu pour but de restreindre autant que possible le droit de vaine pâture, que le législateur considérait comme nuisible à la propriété, en même temps qu'au développement de l'agriculture.

Clôtures collectives. — Plusieurs propriétaires peuvent très bien s'entendre pour englober leurs terrains dans la même clôture. La loi n'exige nulle part une clôture pour chacun ; ce qu'elle a voulu, c'est simplement que les bestiaux ne puissent pas pénétrer sur le fonds enclos.

II. *Changement d'assolement ou de culture.* — Le deuxième moyen de s'affranchir de l'exercice du droit de vaine pâture, c'est la faculté pour le propriétaire de changer l'assolement ou le mode de culture. L'usage d'un nouveau mode d'assolement n'est pas un obstacle de droit à l'exercice de la servitude, en ce sens que, lorsque le terrain sera dépouillé de toute récolte, les bestiaux pourront venir y pâturer ; mais il est souvent un obstacle de fait, voici comment : si cette propriété est entourée de territoires ensemencés ou couverts d'une production quelconque, faisant l'objet d'une récolte, les bestiaux ne pouront pas traverser ceux-ci, et par conséquent ne pourront pas pénétrer sur le terrain asservi ; de plus, si la parcelle qui nous occupe est de peu d'étendue, et est éloignée de la partie du territoire soumise, cette année-là, à la vaine pâture, les propriétaires ne prendront pas la peine de venir y conduire leurs bestiaux, car ces derniers n'y trouveraient pas une nourriture suffisante.

Le cultivateur peut également changer la culture de son terrain. S'il plante une vigne par exemple, ou une prairie artificielle là où existait auparavant une prairie naturelle, le droit de vaine pâture ne pourra plus s'exercer, du moins pendant tout le temps que subsisteront ces nouvelles cultures. Nous disons pendant le temps que subsisteront ces nouvelles cultures, car ainsi que dans le cas de la clôture, l'exercice du droit reprendra aussitôt que la nature du terrain rendra celui-ci de nouveau susceptible de vaine pâture. On nous objecte que, lorsqu'on change le mode de culture, le droit s'éteint faute d'objet, et par conséquent ne saurait vivre. Cette objection ne nous semble pas concluante. En effet, nous avons reconnu à la vaine pâture le caractère de servitude ; or, d'après l'article 704 du Code civil, les servitudes revivent si les choses sont rétablies de manière qu'on puisse en user (1) ; cette disposition ne laisse subsister aucun doute sur ce point.

La commune peut, comme tout particulier, affranchir

_____

1. Sauf ce qui va être dit à propos de la prescription.

de la vaine pâture les terrains dont elle est propriétaire, en changeant le mode de culture ; par exemple en transformant des landes ou des friches en terres labourables. Quant à dire que le rachat est une prime donnée à cette transformation (1), nous ne saurions l'admettre, pas plus qu'on ne peut dire que le rachat est une prime donnée à la clôture, dans le cas où le propriétaire enclot son terrain. Le législateur n'a certainement pas eu l'intention de faire intervenir ici l'idée de rachat ; la servitude est éteinte simplement parce que l'état du fonds sur lequel elle s'exerçait, ne permet plus cet exercice.

Le législateur a donc voulu assurer l'entière liberté de la culture en la délivrant de toute espèce d'entraves. Il a pensé que le cultivateur était le meilleur juge de ses propres intérêts, et nous devons le féliciter d'avoir adopté une mesure aussi sage.

Nous arrivons à notre seconde catégorie, c'est-à-dire aux modes d'extinction définitive.

§ 2. *Modes d'extinction définitive.* — Nous avons soutenu que le rachat et le cantonnement ne sont pas applicables à la vaine pâture coutumière, mais qu'ils le sont seulement à la vaine pâture à titre particulier. Cette proposition est contestée par un certain nombre d'auteurs (2) ; d'autres, tout en excluant le rachat comme mode d'extinction, ad-

1. Voy. Béquet, *Rép. de droit admin.* au mot Commune, n° 2402.
2. Ferd. Jacques, Des servitudes rurales, *Revue critique*, 1891, p. 124.

mettent le cantonnement (1). Cette distinction entre les deux modes nous paraît difficile à admettre. En effet, le cantonnement consiste dans l'abandon, fait à l'usager, en toute propriété, d'une partie du fonds servant, en vue de conserver le reste libre de la servitude ; ce n'est donc, en somme, qu'un rachat dont le prix, au lieu d'être une somme d'argent, consiste dans une parcelle de terrain ; cette circonstance ne change pas la nature juridique du contrat.

Il est vrai que l'article 8, *in fine*, de la loi de 1791, disait : « le tout sans préjudice au droit de cantonnement, tant pour les particuliers que pour les communautés », et c'est sur ces mots que se base l'opinion que nous combattons. A notre avis, par cette disposition, le législateur a voulu dire qu'une communauté, propriétaire de terrains grevés d'une servitude de vaine pâture au profit d'un particulier, pourrait, comme tout propriétaire, s'en affranchir par cantonnement, (elle le pourrait même par le rachat, car les mots « tant pour les particuliers que pour les communautés », nous semblent devoir s'appliquer à l'article tout entier, et l'on ne voit aucune raison de ne pas donner à la communauté les mêmes droits qu'à un particulier) mais il n'a pas entendu décider qu'un propriétaire pourrait, pas plus par le cantonnement que par le rachat, affranchir son terrain du droit de vaine pâture exercé par la généralité des habitants d'une commune. Cette idée nous paraît avoir été celle de M. Malens, dans son rapport

1. Béquet, *Rép. de droit admin.* au mot Commune, n° 2403.

Chiffert   9

au Sénat (1) ; il nous dit, il est vrai, que le cantonnement
et le rachat peuvent être exercés « vis-à-vis des communes
ou sections de commune, comme vis-à-vis d'un autre particulier », mais ce qui nous montre bien qu'il a voulu
parler de la commune en tant que propriétaire, c'est
d'abord le mot *autre,* qui l'identifie, en quelque sorte, à
un particulier, et ensuite les mots : « elle est et doit être
absolument assimilée à un particulier », expressions que
le rapporteur emploie plus loin.

Nous admettons donc que ni le rachat ni le cantonnement ne sont applicables à la vaine pâture coutumière,
et voici nos raisons. Ces deux modes d'affranchissement
consistent, nous l'avons vu, dans une aliénation du droit,
soit moyennant une somme d'argent, soit moyennant une
parcelle du terrain asservi. Or, pour qu'il y ait vente, il
faut qu'il y ait un acheteur et un vendeur, propriétaire
de la chose vendue. L'acheteur, dans notre cas, est le
particulier qui veut rendre son fonds libre ; le vendeur
ne peut être que la commune, considérée comme personne
morale, ayant une existence juridique. Or, la commune
n'est pas propriétaire du droit, le vrai propriétaire est la
communauté des habitants, dont chacun exerce le droit
de vaine pâture proportionnellement à l'étendue de ses
propriétés. La commune ne peut aliéner un droit dont
elle ne jouit pas en tant que commune, et dont elle n'a
que l'administration.

1. Voy. *J. O.* du 9 mars 1878, p. 2611.

Supposons pour un instant que le rachat soit applicable, et qu'il ait été exercé par un propriétaire à l'égard de la commune ; la somme d'argent que ce propriétaire aura versée comme prix tombera dans le trésor communal, ou, s'il a usé de cantonnement, le terrain cédé deviendra propriété de la commune, personne juridique ; or, ce n'est pas elle qui souffrira de la diminution du droit, ce sont les habitants. Si le conseil municipal a pu, en vertu des dispositions du nouveau Code rural, décider de l'existence ou de la non existence du droit, il ne s'ensuit pas de là que, une fois ce droit rétabli, la commune en ait la propriété, elle n'en a, encore une fois que l'administration.

Nous pouvons donner encore, à l'appui de notre système, un second argument qui nous paraît d'une grande portée. Nous avons vu que les terrains communaux étaient, comme ceux des particuliers, soumis à la vaine pâture. Si la commune pouvait user du rachat ou du cantonnement, elle le ferait en se versant à elle-même une somme d'argent, ou en se cédant fictivement la propriété d'une partie du terrain asservi, ce qui est inadmissible, car, en réalité, le droit n'existerait pas, puisque son existence dépendrait de la volonté de la commune ; ce ne serait donc plus un droit, mais une simple faculté.

Nous sommes donc conduits à repousser, comme modes d'extinction de la vaine pâture coutumière, le rachat et le cantonnement ; il ne nous reste plus que la prescription, et le cas très rare où une commune vient à être séparée, au point de vue administratif, en deux communes différentes.

Prescription. — Pour nous qui avons admis que la vaine pâture était une servitude, il nous semble tout naturel de décider que ce droit s'éteint, conformément à l'article 706 du Code civil, par le non-usage de trente ans, à compter du jour où l'on a cessé d'en jouir (art. 707). Voyons comment cela peut se produire.

Nous devons prévoir un cas qui, pratiquement, ne se présentera peut-être jamais, mais où, au point de vue théorique, le droit serait éteint ; c'est celui où la généralité des habitants s'abstiendrait pendant trente ans, de l'exercice de la vaine pâture ; dans ce cas le droit serait éteint pour tous. Pour que cette hypothèse presque chimérique puisse se réaliser, il faut supposer : 1° Que le conseil municipal a obtenu, conformément à la loi nouvelle, le maintien de la vaine pâture, autrement celle-ci serait éteinte par le seul fait du silence de l'autorité municipale, pendant un an à partir de la promulgation de la loi de 1890, et par conséquent il ne pourrait être question d'exercice du droit. 2° Qu'aucun des habitants n'ait, pendant trente ans, conduit ses bestiaux au pâturage. En effet, l'exercice de la servitude par un seul sauverait le droit à l'égard de tous. On voit que ce mode d'extinction est à peu près irréalisable.

Mais on peut former d'autres hypothèses où, sans que le territoire communal soit en entier affranchi de la servitude, certains héritages particuliers pourront y échapper

Par exemple un propriétaire a enclos son terrain, ou bien il y a planté une vigne, une oseraie, etc... Cette clôture ou cette plantation ont subsisté pendant trente ans consécutifs ; par conséquent, pendant tout ce temps, la vaine pâture n'a pu s'y exercer ; à notre avis l'héritage est définitivement libéré de la servitude, et notre opinion est basée sur l'article 704 du Code civil: « Elles revivent (les servitudes)... à moins qu'il ne se soit déjà écoulé un espace de temps suffisant pour faire présumer l'extinction de la servitude, ainsi qu'il est dit à l'article 707 ». Le non-usage, il est vrai, provient d'une force majeure, puisque l'exercice de la servitude a été complètement impossible, mais nous admettons avec Mourlon, Demolombe, Maleville, Duvergier, etc., que, même dans ce cas la prescription ne cesse pas de courir. La combinaison des articles 703 et 704 ne nous semble laisser aucun doute sur ce point; et la pensée du législateur a été, nous le croyons, conforme à notre opinion ; nous n'en voulons pour preuve que cette phrase du rapporteur au Tribunat : « La liberté naturelle des héritages réclamerait contre l'effet de ce retour au premier état (retour prévu par l'article 704), s'il pouvait avoir lieu pendant une durée de temps indéfinie, et n'avoir d'autre terme que ce retour. C'est donc avec justice que le projet déclare que la servitude ne peut plus revivre lorsqu'il s'est écoulé un espace de temps suffisant pour faire présumer l'extinction de la servitude, ainsi qu'il est dit dans l'article 707 (1) ».

1. Rapport du tribun Albisson. Ferret, *Trav. préparat. du C. c.*, t. XI, p. 329.

Division de commune. — Un dernier mode d'extinction, qui n'est pas de nature à se présenter très souvent, et qui ne produit qu'une extinction partielle du droit, c'est la division d'une commune. Le territoire communal a été, nous le supposons, séparé en deux ou plusieurs parties, dont chacune a été attribuée à l'une des nouvelles communes, qui, désormais, vont vivre d'une vie juridique distincte, et souvent rivale. Les habitants de chacune d'elles auront toujours, incontestablement, le droit de vaine pâture sur la partie du territoire qui a été attribuée à leur commune, mais ils ne l'auront plus sur le territoire qui en a été séparé. En effet, ce droit ne serait plus la vaine pâture, mais bien le parcours, qui a été supprimé en 1889, et qui, du reste, même en l'absence de cette suppression, ne pourrait subsister, le parcours étant une servitude discontinue qui ne s'établit point par la destination du père de famille.

En sens contraire, si une commune ou une section de commune où la vaine pâture n'existait pas, a été réunie à une commune où ce droit existait, et a été maintenue par délibération du conseil municipal, la servitude s'étendra au territoire tout entier.

Il nous reste enfin à mentionner pour mémoire la perte de la chose et l'expropriation pour cause d'utilité publique, qui rentrent complètement dans les règles générales, et sur lesquelles nous n'avons pas à insister ici.

CHAPITRE III

Nous pouvons diviser ces actions en deux séries différentes : les unes ont pour but la revendication de la
possession ou de la propriété du droit lui-même ; les
autres la répression des infractions aux règlements municipaux ou à certaines lois pénales, et la réparation du
préjudice que ces infractions ont pu causer. Les premières naissent d'une contestation sur le fond du droit,
les secondes des infractions pénales commises dans
l'exercice du droit ou à l'occasion de cet exercice.

Nous traiterons de ces deux séries dans deux sections
différentes.

Section I. — Actions se rapportant directement au droit de vaine pâture

1. *Action possessoire.* — Il est admis en principe, que
les servitudes ne pouvant s'acquérir par la possession, ne peuvent donner lieu à l'action possessoire,

puisqu'elles ne sont pas susceptibles de possession dans le sens exigé par la loi ; or nous avons vu que tel était le caractère du droit de vaine pâture ; il ne peut être acquis par la possession, et par conséquent ne pourrait être revendiqué par l'action possessoire ; c'est ainsi qu'en a décidé la cour de cassation dans deux arrêts, le premier du 24 décembre 1816, et le second du 22 novembre 1830 (1). Cependant, si la vaine pâture est fondée sur un titre, on devra admettre la complainte, car la possession exercée en vertu de ce titre suffirait, en cas de trouble, pour l'autoriser. Ce n'est donc que dans le cas où notre servitude aurait pour fondement l'usage immémorial, que l'action possessoire serait refusée. Cette décision, toutefois, n'est pas admise par M. Bélime. Il est certain, nous dit-il, que le droit de vaine pâture n'autorise pas à attaquer au possessoire le propriétaire qui enclôt son terrain pour le soustraire à l'exercice de la servitude ; il ne fait, en cela, qu'user du droit que lui reconnaît l'article 647 du C. c., et l'article 6 de la loi de 1889. Mais, à supposer que les propriétaires de métairies isolées prétendent, bien qu'ils ne soient pas clos, repousser le troupeau de la commune, on doit reconnaître au maire le droit d'attaquer ceux-ci par la voie possessoire, si jusque là le troupeau commun avait été admis sans opposition, car la vaine pâture est une servitude légale et non un fait de pure tolérance.

Nous nous rangeons volontiers à cette opinion, et le ca-

1. D. *Rép.* au mot Action possessoire, n° 482.

ractère de servitude légale nous pousse à admettre, que, dans tous les cas la vaine pâture est susceptible d'action possessoire. Ceux qui ne partagent pas notre manière de voir forcent, dans le cas de trouble, les titulaires du droit à agir par la voie pétitoire, et les obligent ainsi à une procédure plus longue et plus compliquée.

Si nous accordons aux possesseurs de la servitude le droit d'agir par l'action possessoire, il faut, pour cela, bien entendu, que leur possession satisfasse à l'art. 23 du Code de procédure civile, c'est-à-dire qu'elle ait duré au moins un an, et cela à titre non précaire. Dans ce cas, ils se présenteront devant le juge de paix, qui ne pourra rendre aucune sentence relative au fond du droit ; il pourra cependant déterminer les caractères de ce droit, en se fondant, pour cela, sur les titres produits par les parties, pourvu que sa sentence ne porte que sur la possession (Cass. 6 août 1863 ; 10 mai 1865) (1).

II. *Action pétitoire.* — Dans le cas où la contestation porte sur le fonds du droit, c'est-à-dire sur l'existence même de la servitude, cette contestation donne lieu à l'action pétitoire. Cette action est, de sa nature, immobilière, et par conséquent ne pourra jamais être portée devant le juge de paix, mais bien devant le tribunal civil. Au contraire, l'action en dommages-intérêts, intentée par les habitants d'une commune pour exercice illégal de la vaine pâture, est purement mobilière, et de la compétence du juge de paix, en vertu de l'article 5 de la loi

1. D. P. 63. 1. 464. — D. P. 65. 1. 412.

du 25 mai 1838, quelle que soit l'importance du dégat, sauf appel à partir de 100 francs (1).

Exercice des actions. — La vaine pâture est un droit qui appartient à la généralité des habitants d'une commune, et dont chacun de ceux-ci jouit à titre d'habitant de cette commune. L'exercice des actions relatives à la contestation de ce droit appartient donc au maire, représentant la commune, ou, à son défaut, aux adjoints ou aux conseillers municipaux, suivant l'ordre du tableau, et non aux habitants en particulier, lorsque l'existence de la servitude ou le droit de l'exercer est contesté (2).

Il nous paraît utile de donner ici un très rapide exposé des formalités à remplir, bien que ces formalités ne soient pas spéciales à l'action de vaine pâture, mais qu'elles s'appliquent à toutes les actions dans lesquelles la commune joue le rôle, soit de demanderesse, soit de défenderesse.

Le maire, après avoir obtenu un avis favorable dans une délibération du conseil municipal, devra se faire autoriser, soit pour demander, soit pour défendre, par le conseil de préfecture, à moins qu'il ne s'agisse d'une action possessoire, et cela conformément aux art. 121 et 122 de la loi du 5 avril 1884. Cette exception en faveur des actions possessoires se justifie par ce fait que la

1. Voy. Curasson, *Traité de la compétence des juges de paix*, t. I, p. 374 et suiv.
2. Cass. 31 mars 1835, D. *Rép.* au mot Commune, n° 1405; Toulouse, 10 janvier 1828, D. *Rép.* au mot Commune, n° 1444.

prescription de ces sortes de procès est assez courte, puisqu'ils doivent être intentés dans l'année du trouble ; de plus, la question, comme nous venons de le voir, sera portée devant le juge de paix, et la procédure y est toujours plus rapide et plus simple.

Le conseil de préfecture, à qui est faite la demande d'autorisation n'a pas à juger le fonds même du litige, car il empiéterait ainsi sur les attributions des tribunaux civils, (1), mais il peut, et doit même demander à la commune les renseignements qui pourront l'éclairer sur le bien fondé de l'action ; autrement l'autorisation ne serait qu'une formalité, et ne remplirait pas ainsi le but que s'est proposé le législateur en l'exigeant, et qui est de protéger la commune contre les conséquences et les résultats d'une action intentée à la légère.

Dans le cas où le conseil de préfecture refuserait de donner l'autorisation de plaider, la commune aurait un recours devant le Conseil d'Etat.

Il peut fort bien arriver que le conseil municipal néglige de donner au maire l'autorisation qui lui est nécessaire pour exercer une action au nom de la commune, soit parce que les intérêts de la commune sont contraires aux intérêts particuliers des conseillers municipaux, soit parce que ceux-ci ne prennent pas la peine de s'occuper de la question. Le droit de la commune demeurera-t-il alors

---

1. Conseil d'Etat, 10 février 1865. Béquet, au mot Commune, n° 2898.

sans défenseur ? Dans ce cas, l'article 123 de la loi municipale de 1884, reproduisant en cela une disposition de
la loi de 1837, accorde à tout contribuable inscrit au
rôle de la commune, le droit d'exercer les actions de
celle-ci, mais cela à une triple condition, c'est que : 1° Le
conseil municipal, appelé à en délibérer, ait refusé ou
négligé d'exercer ; 2° Que le contribuable ait été autorisé
par le conseil de préfecture, comme devait l'être la commune ; 3° Que celui-ci agisse à ses frais et risques. De
plus, la commune doit être mise en cause, pour que le
jugement rendu, soit en faveur du contribuable, soit
contre lui, puisse être opposable à celle-ci. Nous voyons
donc que si la loi a cru devoir, dans l'intérêt de la commune, admettre une exception à la règle générale, elle a
entouré la cause de cette dernière, soutenue par un autre
que son représentant légal, des mêmes garanties que si
l'action était exercée par le maire.

Il peut arriver qu'un simple particulier, qu'il soit
étranger ou habitant de la commune, actionne celle-ci
pour contester, par exemple, l'existence de la servitude
de vaine pâture sur le territoire communal. En même
temps que la commune devra se soumettre aux formalités
dont nous venons de parler, le demandeur, de son côté,
sera obligé, à peine de nullité, d'adresser préalablement
au préfet ou au sous-préfet, un mémoire exposant l'objet
et les motifs de sa réclamation. Les actions possessoires
seules sont dispensées de ce préliminaire. Un récépissé
du mémoire est donné au demandeur, et l'action ne peut

être portée devant les tribunaux que deux mois après la date de ce récépissé. (Loi du 5 avril 1884, art. 124).

Une fois l'action engagée devant les tribunaux civils, soit par la commune contre un particulier, soit par un particulier contre la commune, soit enfin entre deux communes, la procédure suit son cours suivant les règles générales, dont nous n'avons pas à nous occuper ici.

Section II.— Actions ayant pour but la répression des infractions, ou la réparation du préjudice causé.

Ces actions naissent de ce fait que, en exerçant le droit de vaine pâture, les titulaires de ce droit ont commis des faits illicites et dommageables. Ces faits peuvent être, ou bien de simples délits civils, ou bien des infractions prévues, soit par certaines lois pénales, soit par les règlements municipaux. Dans le premier cas nous n'aurons qu'une action en réparation du préjudice causé, et pouvant aboutir à des dommages-intérêts ; dans le second, nous aurons en plus une sanction pénale. La première question qui, à ce propos, se présente logiquement à notre esprit, est la question de responsabilité, c'est-à-dire la question de savoir contre qui pourront être intentées ces actions.

La question de responsabilité pénale ne souffre pas de difficulté. En effet, on ne peut être pénalement responsable que de ses propres actions, et c'est seulement contre celui qui a commis l'infraction, ou qui y a pris part comme complice, que peut être prononcée la peine. C'est donc, dans tous les cas, le berger quel qu'il soit, qui encourera cette responsabilité. Il n'en est pas de même de la responsabilité civile ; nous savons que la réparation du préjudice causé peut être demandée à un autre qu'à l'auteur de l'infraction, et cela en vertu des articles 1384 et suivants du C. c. ; de plus, il y a lieu d'ajouter ici, pour la combiner avec les règles du Code, la disposition de l'article 7, section 2, de la loi du 6 octobre 1791, disposition toujours en vigueur : « Les maris, pères, mères, tuteurs, maîtres, entrepreneurs de toute espèce, seront civilement responsables des délits commis par leurs femmes et enfants, pupilles mineurs n'ayant pas plus de vingt ans, et non mariés, domestiques, ouvriers, voituriers et autres subordonnés. L'estimation des dommages sera toujours faite par le juge de paix ou ses assesseurs, ou par des experts par eux nommés. »

Nous avons vu que la vaine pâture pouvait s'exercer de deux façons, soit par troupeau commun, soit par troupeaux séparés. Dans le cas où il y a un berger communal, nommé régulièrement, c'est la commune qui est civilement responsable, et non les propriétaires des animaux qui ont été confiés au berger, car ces propriétaires sont forcés de faire conduire leurs bestiaux par un berger qu'ils n'ont nullement choisi, et dont ils ne peuvent être contraints de répondre. Dans le cas, au contraire, où un propriétaire a profité de la faculté que lui a laissée la loi, de faire conduire ses bestiaux en un troupeau séparé, il est tout naturel qu'il soit obligé de réparer le préjudice causé par la négligence ou le mauvais vouloir de son berger ; il lui a confié ses animaux librement, et en connaissance de cause, il en répond comme un maître répond de son domestique.

La question de responsabilité bien établie, voyons quels faits sont punissables, et quelles peines ils comportent. Nous ne parlerons que pour mémoire des délits civils, dont la classe est illimitée, puisque le Code civil nous dit que tout homme est responsable du préjudice causé par lui ou par ceux dont il doit répondre, et qu'il en doit réparation. Nous pouvons citer comme exemple la détérioration accidentelle, par les bestiaux qui vont au pâturage, d'arbres, de clôtures, de haies, etc. De même, il a été jugé que le dommage causé par les bestiaux sur un terrain, à cause d'une récente inondation, donnait lieu à des dommages-intérêts, bien que ce cas n'ait pas été prévu par les règlements municipaux ; s'il avait été prévu par eux, le délinquant aurait été passible, en plus, comme nous le verrons, d'une peine de simple police en vertu de l'article 471, 15° du code pénal.

Parmi les infractions qui nous occupent, c'est-à-dire qui peuvent être commises à l'occasion de la vaine pâture, nous devons faire remarquer tout d'abord qu'une seule est punie de peines correctionnelles, c'est le délit de garde à vue sur lequel nous aurons l'occasion de re-

venir plus tard ; toutes les autres ne sont que des contraventions, et sont punies de peines de simple police. Cette
observation faite, nous diviserons nos infractions en deux
classes :

1º Celles prévues par la loi rurale du 6 octobre 1791,
toujours en vigueur sur ce point ;

2º Celles prévues par les articles 471, 15º ; 475, 10º ;
479, 10º, du Code pénal. L'infraction que prévoit l'article
471 puise son existence dans les règlements municipaux,
et, sans eux, elle ne serait pas passible de peine.

1. *Infractions prévues par la loi rurale.* — La plupart de
ces infractions ne sont pas limitées simplement à l'exercice du droit de vaine pâture, ainsi que nous allons nous
en rendre compte, en ce sens qu'elles peuvent exister,
même en dehors de cet exercice ; par exemple la contravention d'abandon d'animaux peut avoir lieu sans que
l'on conduise les bestiaux au pâturage, mais cette conduite est très souvent l'occasion de l'infraction ; c'est
pourquoi nous avons cru bon de nous en occuper ici.

Dans un très grand nombre de nos anciennes coutumes, les infractions aux règles qui régissaient la vaine
pâture et le parcours, étaient punies de la *peine du ban*,
peine légère qui consistait en quelques sous d'amende, et
dépassait fort rarement soixante. Cette peine s'appliquait
à tous ceux qui, ayant droit, en principe, à la vaine pâture, conduisaient leurs troupeaux sur des terrains qui
n'étaient pas assujettis à cette servitude, et même au
propriétaire qui faisait pâturer son propre terrain avant

le temps fixé, ou qui conduisait au pâturage un trop grand nombre d'animaux (1). Nous avons vu que souvent cette *peine du ban* n'était pas applicable aux seigneurs.

Abandon de bestiaux. — Il est prévu par l'article 12, titre 2 de la loi de 1791, et puni par la loi du 23 thermidor an IV, d'une amende minimum de la valeur de trois journées de travail, ou bien de trois jours d'emprisonnement. L'abandon suppose une simple négligence de la part du propriétaire ; il a laissé ses bestiaux en liberté, et ceux-ci, à son insu, se sont répandus sur les propriétés d'autrui. Il y a donc une différence entre cette infraction et celles prévues par les articles précédemment cités, du Code pénal ; ceux-ci, en effet, supposent que les bestiaux sont conduits par un gardien, tandis que dans le premier cas, les animaux sont abandonnés à eux-mêmes. La jurisprudence a, dans plusieurs circonstances, fait l'application de cette distinction (2).

Pour que l'infraction prévue par notre article existe, il faut trois conditions : 1° Que les bestiaux aient été *abandonnés* ; notons que le mot bestiaux a, ici, un sens très large, et comprend non seulement les animaux que l'on conduit au pâturage, mais encore les porcs, volailles, chèvres, etc. (3) ; 2° Que ces bestiaux *se soient introduits*

1. La Poix de Fréminville, *Pratique des terriers*, t. III, p. 500 et suiv.

2. Cass. 10 septembre 1857, D. P. 57. 1. 449 ; 28 avril 1865, D. P. 65. 1. 194 ; 13 avril 1866, D. P. 70. 5. 108 ; 7 novembre 1885, D. P. 86. 1. 426, etc.

3. Cass. 9 juillet 1829, D. P. 81. 5. 116.

Chiffert   10

sur le terrain d'autrui (1) ; 3° Enfin, que le terrain sur lequel ils ont pénétré appartienne à un autre qu'au propriétaire des bestiaux. Il est tout naturel, en effet, qu'en l'absence de cette condition, il n'y ait pas de contravention, car le propriétaire, en vertu même de son droit de propriété, pouvait les y introduire. La nature du terrain n'est pas prise en considération pour savoir si l'on doit appliquer l'article 12 ; de même, l'existence d'un dommage quelconque n'est pas une condition essentielle de l'infraction.

Nous avons dit que le minimum de l'amende était la valeur de trois journées de travail. Une question se pose à ce propos, c'est celle de savoir ce que l'on doit entendre par la valeur d'une journée de travail. Une loi du 21 avril 1832 a décidé que la valeur de la journée de travail serait fixée, dans chaque département, par le Conseil Général, sur la proposition du préfet, dans les limites de 0 fr. 50 à 1 fr. 50. Mais les auteurs ont refusé d'admettre l'application de cette loi en matière pénale, car la peine ne doit pas varier suivant les usages locaux. Pour la même infraction, un individu pourrait être condamné à une peine variant, suivant les régions, dans la proportion de 1 à 3. De plus, cette loi est une loi de finances. On a alors pensé que la valeur de la journée de travail devait être estimée à un franc, conformément à la loi des

1. Cass. 20 mars 1874, D. P. 75. 1. 400 ; 29 janvier 1870, D. P. 70. 1. 320 ; 2 juin 1865, D. P. 65. 1. 325 ; 10 septembre 1857, D. P. 57. 1. 449 ; 28 juin 1865, D. P. 66. 5. 130 ; 16 août 1866, D. P. 66. 1. 463, etc.

15-16 janvier 1790, sur le cens électoral (1). Cette solution, pas plus que la précédente, ne nous semble conforme
à l'intention du législateur. Il a fixé, nous semble-t-il, le
taux de l'amende en journées de travail, précisément
pour que ce taux puisse être mieux en proportion avec la
gravité du dommage causé. Nous pouvons remarquer, en
effet, que pour la *répression* de l'infraction, comme pour
la réparation du préjudice, le législateur tient compte du
plus ou moins d'importance des dégats pouvant être oc-
casionnés ; nous pouvons donner comme exemple la distinction entre l'infraction de passage sur les terrains
pourvus de récoltes, et la même infraction sur les terrains récoltés. Si nous évaluons la journée de travail à
une somme fixe, nous détruisons cette distinction. « Le
dommage causé, nous dit M. Ferd. Jacques, entre au besoin en ligne de compte dans la réparation civile et pénale » (2).

Nous concluons donc qu'aucune des lois, soit électo-
rales, soit de finances, ne sont applicables ici, et que la
fixation de la valeur de la journée de travail doit être
laissée au juge. Il a, bien entendu, certaines limites à
observer ; il ne peut en particulier, dépasser la valeur du
maximum de l'amende de simple police. Il a été jugé également qu'une amende de deux francs était une répression insuffisante (3).

1. F. Jacques, De la police rurale, *Revue pratique*, 1883, II, p.308
et suiv.
2. F. Jacques, De la police rurale, *Revue pratique*, 1883, II, p. 81·
3. Cass. 13 avril 1866, D. P. 72. 5. 135 ; 25 février 1876, D. P. 78.
1. 45.

Il peut arriver, et il arrive le plus souvent, que les bestiaux ainsi abandonnés causent des dommages au terrain sur lequel ils se sont introduits. Ce cas est prévu par l'article 12 ; la réparation du préjudice causé a même été le seul objet de cet article, puisqu'il n'édicte aucune peine contre le délinquant, de sorte que l'abandon d'animaux resta dépourvu de sanction pénale, jusqu'à la loi du 23 thermidor an IV. Notre article donne au propriétaire du terrain le droit de « saisir les bestiaux, sous l'obligation de les faire conduire, dans les 24 heures, au lieu de dépôt qui aura été désigné à cet effet, par la municipalité. » Si ces bestiaux ne sont pas réclamés, ou si le dommage causé n'a pas été payé dans la huitaine du jour du délit, ils seront vendus pour satisfaire aux dégats. Dans le cas où le dommage est causé par des volailles, le propriétaire qui l'éprouvera pourra les tuer, mais seulement sur les lieux, au moment du dégat. Cette faculté a été accordée par le législateur à cause de la grande difficulté de saisir les volailles et d'en reconnaître le propriétaire, et aussi parce que ces animaux ont une valeur relativement minime, comparée à celle des autres bestiaux.

Pour terminer nos observations sur l'abandon de bestiaux, nous devons mentionner la disposition de l'art. 18 de notre loi, disposition relative aux chèvres. Dans les pays non soumis à la vaine pâture, l'abandon de celles-ci ou leur introduction sur le terrain d'autrui, est puni d'une amende de la valeur d'une journée de travail. La même peine est encourue, dans les pays de vaine pâture où les chèvres ne sont pas rassemblées et conduites en troupeau commun, par celui qui aura négligé de les attacher pour les conduire au pâturage. Dans le cas où elles auraient causé des dommages aux arbres, vignes, haies, etc., l'amende sera doublée, sans préjudice de la réparation qui pourra être due au propriétaire. La loi du 23 thermidor an IV a élevé le taux de ces amendes à la valeur de trois journées de travail, et, dans le cas où il doit être prononcé une peine double, c'est ce minimum de trois journées qui doit être doublé.

Conduite des bestiaux en terrain défendu. — La deuxième infraction prévue par la loi rurale (art. 22 et 25) est celle qui consiste pour les pâtres et bergers, à conduire leurs troupeaux sur des terrains où ils n'ont pas, ou n'ont pas encore, le droit de les mener. Le premier cas, c'est-à-dire celui où les bestiaux, sous la garde de leur berger, pâturent là où ils n'ont jamais le droit de pâturer, est prévu par l'article 25 ; il punit les conducteurs de bestiaux qui, en revenant des foires ou marchés les auront laissés pacager sur les terrains des particuliers ou sur les communaux. d'une amende de deux journées de travail. Si le dommage est causé sur un terrain ensemencé, ou non dépouillé de sa récolte, ou dans un enclos rural, l'amende sera égale au dommage causé. Ici, comme dans le cas d'abandon, existe le droit de saisie et de vente des bestiaux pour le paiement de l'amende.

Le second cas a fait l'objet de la décision de l'art. 22 :

« Dans les lieux de parcours ou de vaine pâture, comme

dans ceux où ces usages ne sont point établis, les pâtres et bergers ne pourront mener les troupeaux d'aucune espèce dans les champs moissonnés et ouverts, que deux jours après la récolte entière, sous peine d'une amende de la valeur d'une journée de travail ; l'amende sera double si les bestiaux d'autrui ont pénétré dans un enclos rural ». Ce qui nous frappe au premier abord, dans la rédaction de cet article, ce sont les mots « comme dans ceux où ces usages ne sont pas établis » ; on se demande comment il peut se faire que les bergers conduisent des troupeaux au pâturage si le droit de vaine pâture n'existe pas. La loi, par ces mots, a prévu le cas où un propriétaire fait conduire ses bestiaux sur son propre terrain, et le cas, plus rare, du droit de vaine pâture à titre particulier.

Nous avons à faire ici la même observation que précédemment relativement à l'augmentation du minimum de l'amende, porté à la valeur de trois journées de travail.

Nous passons sous silence, pour l'instant, les articles 23 et 24, car ils prévoient des contraventions que nous aurons l'occasion de retrouver à propos des règlements municipaux, ou des infractions prévues par le Code pénal ; c'est alors que nous en parlerons.

Garde à vue. — Le fait prévu par l'article 26, de garder à vue ses bestiaux dans les récoltes d'autrui est, nous l'avons dit, non plus une contravention, mais bien un délit. Il renferme, en effet, l'élément que la plupart des auteurs exigent pour qu'il y ait délit, mise à part la discussion sur les délits contraventionnels, dont nous n'avons pas à nous occuper ici. L'individu qui garde ses troupeaux sur le terrain d'autrui, donne son adhésion à la consommation des produits par ces troupeaux ; il a l'*intention*, en un mot, de leur faire brouter une herbe qui ne lui appartient pas, et sur laquelle il n'a aucun droit. Notre infraction est donc un délit, et suit, à cet égard, les règles spéciales aux délits, notamment au point de vue de la compétence, de la récidive, de la prescription, etc. Elle diffère de la contravention prévue par l'article 479 10° du Code pénal, qui punit « ceux qui mèneront leurs bestiaux sur le terrain d'autrui. » Au premier abord, on remarque entre les deux dispositions, une grande analogie, et l'on ne saisit pas très bien la différence qui les sépare, différence cependant très importante aux yeux du législateur, puisqu'il ne les range pas dans la même classe d'infractions. La jurisprudence a trouvé cette différence dans le mot *récoltes*, employé par la loi de 1791, comparé au mot *terrains*, employé par le Code pénal. L'action de garder ses bestiaux sur les champs chargés de récoltes, constituera donc le délit prévu par notre article 26, tandis que l'action de les mener sur des terrains dépourvus de ces récoltes, sera passible de la peine prononcée par le Code pénal (1). De plus, il existe, nous semble-t-il, une autre différence. L'une des dispositions punit ceux qui auront *gardé à vue*

1. Cass. 16 février 1850, D. P. 50. 5. 132 ; 9 mai 1840, D. *Rép.* au mot Contraventions, n° 499.

leurs troupeaux. l'autre ceux qui les auront *menés* sur les terrains d'autrui. L'action de mener ses bestiaux consiste à les introduire sur le terrain d'autrui, mais non à les y garder une fois introduits. Il y a donc quelque chose de plus grave, dans la première infraction, que dans la seconde. Le berger, par sa présence, donne une adhésion plus prolongée et plus réfléchie, à la consommation des produits par ses bestiaux. Cette différence, toutefois, n'est pas admise par la jurisprudence, qui regarde les deux expressions comme équivalentes et s'appliquant à une même action.

Nous venons de voir en quoi consiste le fait punissable, demandons-nous maintenant quelle peine le législateur lui a appliqué.

L'article 26 de la loi rurale nous répond que le délinquant, « sera condamné, en outre du paiement du dommage, à une amende égale à la somme du dédommagement, et pourra l'être, suivant les circonstances, à une détention qui n'excédera pas une année. » C'est cette dernière sanction, peine correctionnelle, qui détermine le caractère de délit que nous avons reconnu à l'infraction.

Nous en avons fini avec les infractions prévues par la loi rurale, il nous reste à examiner celles dont s'occupe le Code pénal.

Infractions prévues par le Code pénal. — Nous ferons remarquer tout d'abord que nous n'aurons à nous occuper ici que de contraventions, rentrant dans l'une des trois classes que nous indique le Code ; nous n'avons à signa-ler aucun délit ; la peine à prononcer ne pourra donc varier que dans les limites des peines de simple police, et sera prononcée par le juge de paix du lieu où la con-travention aura été commise.

Infractions aux règlements relatifs à la vaine pâture. — Cette hypothèse est prévue par l'article 471, 15°, et punie d'une amende de 1 à 5 francs. Nous avons vu plus haut, (Chap. I), quel pouvait être l'objet des règlements muni-cipaux, et nous avons cité en particulier le cas où certains bestiaux étaient cantonnés dans une partie déterminée du territoire communal, en cas d'épizootie ; l'infraction à cet arrêté avait déjà été l'objet d'une disposition con-tenue dans l'article 23 de la loi rurale, remplacé actuel-lement par notre article 471, au point de vue de la peine ; mais les autres décisions de la législation précédente sub-sistent, notamment celle qui nous dit que le troupeau atteint de maladie contagieuse « pourra être saisi par les gardes champêtres, et même par toute personne ; il sera ensuite mené au lieu de dépôt qui sera indiqué à cet effet par la municipalité ». De plus, le propriétaire du troupeau pourra être responsable du dommage que ses animaux auront occasionné. Est-il nécessaire de rappeler ici que, pour que les règlements municipaux emportent sanction pénale, il faut qu'ils aient été régulièrement faits et promulgués.

Passage des bestiaux sur le terrain d'autrui. — Cette

infraction se compose de trois éléments (1) : il faut d'abord que le passage ait lieu *sur le terrain d'autrui*, que ce terrain soit clos ou ouvert, peu importe ; il faut ensuite *qu'il ait été pratiqué sans droit*, ce qui élimine le passage en cas d'enclave ; enfin, le troisième élément peut varier, et avec lui varie la gravité de la contravention, et l'importance de la peine dont elle est punie. En effet, le passage peut avoir lieu : ou bien sur des terrains dont la récolte est coupée, mais non encore enlevée ; dans ce cas l'infraction est punie par l'article 471, 14°, d'une amende de 1 à 5 francs ; ou bien sur des terrains ensemencés ou chargés d'une récolte sur pieds ; alors l'amende de 6 à 10 francs, prononcée par l'article 475, 10°, est applicable (la peine est la même pour le passage dans un bois taillis). Le fait de laisser ou de faire passer ses bestiaux sur des prairies artificielles, rentre dans notre seconde catégorie, car ces prairies sont toujours en état de production. C'est ainsi que l'a décidé la Cour de cassation dans ses arrêts du 23 mars 1821, du 16 octobre 1837, et du 18 mai 1849 (2).

Conduite des bestiaux sur le terrain d'autrui. — Une dernière contravention est punie par le Code Pénal d'une amende de 11 à 15 francs ; c'est le fait, prévu par l'article 479, 10° de mener ses bestiaux sur les terrains d'autrui et notamment « dans les prairies artificielles ; dans les vignes, oseraies ; dans les plants de câpriers, dans ceux d'oliviers, de mûriers, de grenadiers, d'orangers, et d'ar-

1. Voy. Blanche, *Etudes pratiques de droit pénal*, t. VII, p, 283.
2. D. Rép. au mot Contraventions n° 494.

bres du même genre ; dans tous les plants ou pépinières d'arbres fruitiers ou autres, faits de main d'homme ». Cette disposition a remplacé celle de l'article 24 de la loi de 1791, et a substitué, comme peine, l'amende de 11 à 15 francs, a celle de la valeur de deux journées de travail, prononcée par cet article. Nous avons déjà signalé la différence qu'il y a entre notre contravention et le délit de garde à vue, prévu par l'article 26 de la loi rurale. Nous ferons simplement remarquer ici que, d'après le système de la jurisprudence, qui n'admet pas la seconde différence dont nous avons parlé, l'action de mener ou de garder ses troupeaux sur une prairie artificielle constitue toujours le délit de garde à vue, puisque les prairies artificielles sont continuellement en état de production, et par conséquent toujours *chargées de récoltes*.

En résumé, parmi les infractions qui peuvent être commises à l'occasion de l'exercice du droit de vaine pâture, nous rencontrons un seul délit, celui dont nous parle l'article 26 de la loi rurale, et six contraventions, dont deux punies par la loi de 1791, d'une amende évaluée en journées de travail, et quatre punies par le Code pénal d'amendes pouvant varier dans les limites des amendes de simple police, c'est-à-dire de 1 à 15 francs.

Récidive. — Pour avoir une idée complète sur la question des infractions dont le droit de vaine pâture peut être la cause directe ou indirecte, il nous a semblé utile de dire quelques mots des conditions et des effets de la récidive en notre matière.

Quant au délit de l'article 26 de la loi de 1791, antérieurement à la loi du 26 mars 1891, il ne comportait pas
l'application des pénalités de la récidive, puisque la peine
prononcée est nécessairement inférieure, ou au plus égale,
à une année d'emprisonnement. Depuis 1891, il est soumis
à la disposition contenue dans le § 2 du nouvel article
58 du Code pénal, qui a créé ce que les interprètes ont
appelé la *petite récidive*. Il faut donc, pour qu'il y ait
récidive, que le même individu ait commis le même délit
dans un délai de cinq années comptées à partir de l'expi-
ration ou de la prescription de la première peine. Dans
ce cas, le coupable sera condamné à un emprisonnement
qui ne pourra être inférieur au double de la première
peine, sans toutefois dépasser le double du maximum de
la peine encourue.

En matière de contraventions, pour qu'il y ait lieu à
l'application de la récidive telle qu'elle est réglementée
par le Code pénal, nous savons qu'il faut quatre conditions :

1° Que la seconde contravention rentre dans un des cas
prévus par le livre 4 du Code pénal ; mais la première, qui
forme le premier terme de la récidive, peut être punie
par une loi spéciale ; par conséquent, étant donné, comme
première contravention, une de celles que régit la loi
rurale, et comme seconde une de celles prévues par le
Code pénal, il y a lieu à l'application des peines de la
récidive. Au contraire, si la seconde est, de nouveau, une
contravention prévue par la loi rurale, la question de

récidive sera régie par cette loi, et non par l'article 483 du Code pénal.

2° Qu'un jugement ait été rendu contre le prévenu pour contravention.

3° Que les deux contraventions aient été commises dans le ressort du même tribunal de simple police, c'est-à-dire dans le même canton.

4° Enfin, que le premier jugement ait été rendu dans les douze mois précédents.

Si toutes ces conditions sont réunies, nous aurons donc une aggravation de peine pour cause de récidive ; mais cette aggravation pourra être différente ; si la récidive est régie par la loi rurale, c'est-à-dire si les deux termes en sont des contraventions punies par cette loi, il y aura lieu d'appliquer l'article 4 : « Toutes les amendes qui n'excéderont pas la somme de trois journées de travail seront doubles, en cas de récidive dans l'espace d'une année, ou si le délit a été commis avant le lever ou après le coucher du soleil ; elles seront triples quand les deux circonstances précédentes se trouveront réunies ». A cette disposition, il y a lieu d'ajouter celle de l'article 608 du Code du 3 brumaire an IV, disposition toujours en vigueur, et qui donne les conditions générales de la récidive en cette matière : « Pour qu'il y ait lieu à augmentation de peine pour cause de récidive, il faut qu'il y ait un premier jugement rendu contre le prévenu *pour pareil délit*, dans les douze mois précédents, et dans le ressort du même tribunal de police ».

On s'est demandé si les infractions rurales, punies d'une
peine excédant trois journées de travail, sont frappées
par la récidive. On admet généralement que ces infractions,
pour n'être pas régies par la loi du 6 octobre 1791, tom-
bent cependant sous le coup de celle du 22 juillet de la
même année ; cette loi décide que, en cas de récidive, *toutes
les amendes* seront doublées (1).

Si la récivive est régie par le Code pénal, c'est-à-dire
si la seconde contravention, au moins, est une de celles
que punit ce code, il y a lieu d'appliquer les articles 474,
478 et 482, qui prononcent une peine d'emprisonnement
pouvant varier entre trois et cinq jours, suivant les cas.

Prescription. — Il nous reste à dire quelques mots de
la prescription. L'action publique se prescrit, d'après la
législation criminelle, par trois ans pour les délits, et
par un an pour les contravention, et entraîne la prescription de l'action civile. Cette disposition, cependant,
n'a pas abrogé la règle spéciale donnée par la loi rurale,
et d'après laquelle les contraventions prévues et punies
par celle-ci se prescrivent par un mois. Quant aux inter-
ruptions de prescription, rappelons qu'elles se font, pour
les délits, par tout acte d'instruction, et que, au contraire, en matière de contraventions, une condamnation
contradictoire est nécessaire, et cela sans qu'il y ait lieu

---

1. Voy. F. Jacques, De la récidive d'après la loi rurale, combinée
avec les lois du 19 juillet 1791 et du 23 thermidor an IV, *Revue pratique*, 1881, p. 6.

de distinguer si l'infraction est punie par la loi rurale ou par le code.

Enfin, la prescription de la peine prononcée est régie, dans tous les cas, par les règles de droit commun, c'est-à-dire qu'elle a lieu par cinq ans en matière correctionnelle et par deux ans en matière de simple police.

Exercice des actions. — Dans le cas où il y a simplement dommage causé à autrui, sans que ce dommage causé soit une infraction frappée d'une peine, en un mot dans le cas de simple délit civil, il ne peut être question que d'une action en dommages - intérêts, exercée par celui qui a souffert le dommage.

Au contraire, dans le cas d'une infraction à la loi pénale, le fait d'avoir commis cette infraction donne naissance, nous l'avons vu, à deux actions différentes : une action publique et une action civile. L'action publique sera exercée par le ministère public, représenté par le commissaire de police, le maire ou l'adjoint, d'après les règles et suivant les cas prévus par l'article 144 du Code d'instruction criminelle. Dans ce cas, celui qui aura souffert de l'infraction pourra obtenir réparation du dommage causé, en intervenant au procès comme partie civile. Mais il peut fort bien arriver que le ministère public ne prenne pas l'initiative des poursuites, soit parce que le fait à punir n'a pas été porté à sa connaissance, soit parce que, connaissant le fait, il juge inutile de poursuivre le délinquant. Ce dernier cas se présentera d'autant plus souvent, en notre matière, que la gravité

de l'infraction commise est moins grande, et que le législateur l'a frappée d'une peine, surtout en considération
du préjudice causé. Alors celui qui aura éprouvé le dommage peut choisir entre deux partis à prendre : ou bien
exercer l'action civile seulement ; dans ce cas, il ne sera
prononcé aucune peine contre le coupable, puisque la
peine ne peut résulter que de l'exercice de l'action publique ; ou bien user du droit de citation directe que lui
accorde la loi, pour mettre en mouvement l'action publique, qui sera exercée concurremment avec l'action
civile.

Pour terminer nos développements sur cette matière,
nous ferons remarquer que le maire, en dehors de ses
fonctions de ministère public, peut très bien avoir, en
tant que maire, à exercer l'action civile, au nom de la
commune, et cela dans le cas où un dommage quelconque aurait été causé à un bien communal. Ce serait
pour le maire, non seulement un droit, mais un devoir
de bon administrateur, puisque l'intérêt de la commune
est engagé. S'il négligeait ou refusait d'agir, un habitant
de la commune pourrait, au nom de celle-ci, exercer l'action, après s'être fait préalablement autoriser par le conseil de préfecture. Nous n'avons pas à revenir ici sur ce
point, dont il a été traité plus haut, à propos de notre
première série d'actions.

Nous avons passé sous silence, dans cette étude des
actions pénales qui peuvent naître à l'occasion de l'exercice du droit de vaine pâture, les délits de pâturage

dans les bois, prévus par le Code forestier. Il nous a semblé, en effet, que cette question sortirait du cadre de notre étude ; elle n'a aucun rapport avec la vaine pâture, car nous avons vu que celle-ci ne s'exerce pas dans les bois ; il n'y peut être question que de servitudes de pacage, soumises à des règles spéciales, et n'ayant nullement les caractères de la vaine pâture.

CHAPITRE IV

Nous avons, jusqu'à maintenant, traité du droit de vaine pâture coutumière, qui a été de beaucoup la partie la plus importante, et le but principal de notre étude. Il nous reste à parler d'un droit que la loi rurale appelle « la vaine pâture à titre particulier, établie sur un héritage déterminé. » Si ce droit a certaine ressemblance avec la vaine pâture coutumière, notamment quant à son objet et son mode d'exercice, il en diffère sur plusieurs points, et demande une étude particulière, qui, sans avoir l'ampleur que nous avons donnée à la première, doit cependant être suffisante pour en bien faire ressortir les caractères spéciaux.

Il nous paraît tout naturel de suivre, dans le cours de nos développements, la marche que nous avons adoptée pour la vaine pâture coutumière ; mais il nous faut donner auparavant les textes législatifs qui ont successivement régi cette matière, et sur lesquels doit porter notre étude :

Loi du 6 octobre 1791 article 8 : « Entre particuliers, tout droit de vaine pâture fondé sur un titre, même dans les bois, sera rachetable à dire d'experts, suivant l'avantage que pourrait en retirer celui qui avait ce droit, s'il n'était pas réciproque, ou eu égard au désavantage qu'un des propriétaires aurait à perdre la réciprocité, si elle existait ; le tout, sans préjudice au droit de cantonnement, tant pour les particuliers que pour les communautés, confirmé par l'article 8 du décret des 16 et 17 septembre 1790. »

La loi de 1889, sans vouloir abroger cette disposition, ainsi que l'a formellement déclaré M. Bourgeois dans son rapport à la Chambre, sur la loi de 1890, la modifia ainsi :

Loi du 9 juillet 1889, article 12 : « La vaine pâture établie à titre particulier sur un héritage déterminé, s'exerce conformément aux droits acquis. Mais le propriétaire de l'héritage grevé peut toujours l'affranchir, soit moyennant indemnité fixée à dire d'experts, soit par voie de cantonnement. »

Ainsi modifié en 1890 :

Loi du 22 juin 1890 : « Néanmoins la vaine pâture fondée sur un titre, et établie sur un héritage déterminé, soit au profit d'un ou de plusieurs particuliers, soit au profit de la généralité des habitants d'une commune, est maintenue et continuera à s'exercer conformément aux droits acquis. Mais le propriétaire de l'héritage grevé pourra toujours s'affranchir, soit moyennant une indemnité fixée à dire d'experts, soit par voie de cantonnement. »

Section I. — Définition, nature et caractères du droit

Nous pouvons définir la vaine pâture à titre particulier : une servitude consentie par un particulier sur son propre fonds, au profit d'un autre ou de plusieurs autres particuliers, ou d'une commune, et leur donnant le droit de faire paître leurs bestiaux après l'enlèvement des récoltes, et en se conformant aux règles exprimées dans le contrat. Nous disons après l'enlèvement des récoltes ; cela ne signifie nullement qu'un propriétaire n'aurait pas le droit de consentir un droit de pâturage sur son terrain avant l'enlèvement des récoltes, sur des prés par exemple, mais ce ne serait point un droit de vaine pâture, mais bien un droit de vive pâture, qui ne doit pas nous occuper ici.

Comme nous allons le voir, le législateur a laissé le droit de vaine pâture à titre particulier soumis de tous points aux règles générales établies pour les servitudes, et à la volonté des parties contractantes. En effet, les raisons d'intérêt général qui ont été la cause de la sollicitude du législateur pour la vaine pâture coutumière, ne s'appliquent plus ici, puisqu'il s'agit d'un simple droit privé, dont l'existence dépend de la volonté du propriétaire.

Ainsi qu'on peut s'en rendre compte par les termes

exprès de la loi de 1890, la vaine pâture à titre particulier ne consiste pas nécessairement dans un droit consenti à un particulier ; ce droit peut être établi également au profit de la généralité des habitants d'une commune. Le critérium qui nous servira à le distinguer de la vaine pâture coutumière n'est donc pas, comme on pourrait le croire au premier abord, l'unité de celui qui en profite, mais bien l'unité de l'héritage qui y est soumis. Les mots : « soit au profit de la généralité des habitants », n'existaient pas dans le texte primitif de la loi ; ils ont été introduits à la suite d'un amendement proposé par M. de Soland. Nous ne pouvons mieux en expliquer les raisons qu'en citant les paroles même de l'orateur : « Dans la loi de 1889 sur la vaine pâture, a dit M. de Soland, l'article 12 consacre formellement les droits qui peuvent exister à titre particulier, non pas sur la généralité des prairies de la commune, mais sur des prairies déterminées. Quand il existe un titre, il est évident que le droit doit être respecté, et que la loi de 1889 n'a pu le détruire ; cela n'est pas douteux pour les particuliers qui invoquent le titre. En est-il de même quand le droit est exercé par la commune ? Non. Il peut arriver, en effet, que ce soit à titre communal que les habitants d'une commune exerçant le droit de vaine pâture sur des terrains déterminés. Leur droit, fondé sur un titre, n'est pas, sans doute, discutable, mais il importe de le mettre à l'abri de toute contestation. Ce n'est donc pas l'intérêt particulier pour lequel je réclame en ce moment. Si les particuliers ont des droits, ils les feront valoir, c'est leur affaire. Ce ne sont pas ces intérêts, si respectables qu'ils soient, qui ont déterminé mes collègues et moi à présenter l'amendement que j'explique en ce moment, c'est l'intérêt communal que nous avons voulu défendre. Il y a des communes importantes dans la région que je représente, et spécialement dans la vallée de la Loire, qui ont des droits anciens de pacage sur des prairies, soit communales, soit vendues avec la réserve de ce droit de pacage au profit des habitants. Si, par hasard, on prétendait que la loi sur l'abolition de la vaine pâture, ne protège plus ce droit communal, une pareille interprétation constituerait une vraie spoliation pour les communes, et on ferait, à leur préjudice, un présent aux propriétaires qui ont acheté leurs prairies à prix réduits, à cause de la servitude de pacage qui les grevait. Aussi, pour éviter toute incertitude, notre amendement propose simplement d'ajouter au texte de l'article 12, après ces mots : « soit au profit d'un ou plusieurs particuliers », ceux-ci : « soit au profit de la généralité des habitants. »

Le rapporteur de la loi affirma alors que cet amendement était inutile, parce que l'article donnait pleine satisfaction à ses auteurs. M. de Soland retira alors son amendement, mais il fut repris par la commission du Sénat, et définitivement adopté par celui-ci, qui tint à mettre le droit à l'abri de toute contestation.

Ce fait que la servitude est consentie à la généralité des habitants d'une commune, ne change donc en rien le

caractère du droit, et le laisse soumis à l'article 12. Nous
sommes ainsi conduits à ranger la vaine pâture à titre
particulier parmi les servitudes établies par le fait de
l'homme, ce qui nous indique une première différence
entre le droit qui nous occupe actuellement, et la vaine
pâture coutumière, à laquelle nous avons reconnu le caractère de servitude légale. Nous n'avons pas à revenir ici
sur le caractère de servitude attribué à la vaine pâture ;
nous avons discuté cette question à propos de la vaine
pâture coutumière, et les mêmes raisons nous portent à
admettre ici une solution analogue. Les adversaires de
l'opinion que nous avons admise à propos de la vaine pâture coutumière, ne peuvent même pas faire intervenir
ici l'idée de tolérance, puisque la vaine pâture à titre
particulier a nécessairement pour base un titre : contrat,
donation ou testament, dont les clauses doivent être res-
pectées, et qui créé des obligations. Mais cette servitude
diffère à plusieurs points de vue de la première ; nous
avons déjà signalé une première différence ; en voici une
autre : la vaine pâture à titre particulier repose ordinairement sur un contrat, intervenu entre deux propriétaires, dont l'un accorde à l'autre le droit de pacage sur
son héritage ; il n'y a donc pas ici, comme en matière de
vaine pâture coutumière, réciprocité ; si cette réciprocité
existe, c'est-à-dire si un propriétaire consent un droit de
pacage sur son terrain, en retour d'un droit analogue
consenti par l'autre partie sur le sien, ce qui n'a rien de
contraire à la nature du contrat, il y aura deux droits

distincts de vaine pâture consentis, alors que dans l'hypothèse de la vaine pâture coutumière, il n'y en a qu'un
seul.

Nous reconnaissons donc à la vaine pâture à titre particulier le caractère d'une servitude, qui s'exerce selon
les règles établies par le titre qui la crée, et en cela est
strictement conforme à l'article 686 du Code civil. Si donc
il surgit des difficultés entre les parties contractantes, le
juge ne devra pas, pour les résoudre, s'inspirer des
règles que nous avons données pour la vaine pâture coutumière, mais de l'intention présumée des parties, dont
la convention fera loi.

Section II. — Etablissement, preuve et réglemen-
tation du droit

L'article 12 de la loi de 1889 a laissé le droit de vaine
pâture à titre particulier entièrement soumis aux dispositions qui régissent les servitudes en général, en nous
disant qu'il s'exerce conformément aux droits acquis.
Nous avons donc à nous demander comment le droit
prendra naissance, et comment on pourra faire la
preuve de son existence.

Notre droit étant, ainsi que la vaine pâture coutumière
une servitude discontinue, il ne peut s'acquérir que par
titre (art. 691 C. c.), mais le titre dont il est question ici
ne doit pas être confondu avec celui dont nous avons

parlé à propos de la vaine pâture coutumière ; la même expression a, dans chacun des deux cas, une signification tout à fait distincte.

Nous avons vu que, pour la vaine pâture coutumière, il ne pouvait être question de la création du droit ; il s'agissait simplement de savoir s'il existait ou s'il n'existait pas, et le titre dont parle la loi à ce sujet n'est que le moyen de preuve. Ici, au contraire, le titre est l'acte constitutif du droit lui-même, le contrat qui l'a fait naître ; en un mot le titre au sens des articles 690 et suivants du Code civil.

Ce titre, qui est la condition nécessaire de l'existence du droit, peut être ou bien un contrat à titre onéreux, et ce sera le plus fréquent, ou bien un acte à titre gratuit, donation ou testament.

Bien que Pardessus ait enseigné que, par le mot titre, « il faut entendre tous documents écrits propres à constater l'établissement des servitudes (1), » nous préférons admettre l'opinion du plus grand nombre des auteurs, et considérer ici le titre comme « la cause efficiente du droit et le principe générateur de la servitude (2) ».

Nous pouvons concevoir deux moyens pour la création du droit de vaine pâture à titre particulier : 1° L'établissement de la servitude peut être la cause de l'acte cons-

---

1. Pardessus, *Traité des servitudes*, t. II, n° 242.
2. Demolombe, t. XII, n° 729. Voy. aussi Laurent, t. VIII, n° 145 ; Baudry-Lacantinerie, *Des biens*, n° 1094 ; Aubry et Rau, t. III, § 250, etc.

titutif, en ce sens qu'on peut aliéner le droit de vaine pâture en conservant la propriété du fonds. 2° On peut également, en aliénant le fonds lui-même, soit à titre onéreux, soit à titre gratuit, se réserver le droit par une clause spéciale de l'acte ; la création de la servitude n'est alors que l'accessoire du contrat.

Preuve de l'existence du droit. — S'il s'élève une contestation entre le propriétaire du fonds asservi, et celui qui prétend avoir, sur ce fonds, un droit de vaine pâture, quels moyens celui-ci aura-t-il à sa disposition pour prouver l'existence de son droit ? Ici encore, la loi laisse le cas soumis aux règles du droit commun. Si la servitude résulte d'un contrat à titre onéreux, la preuve pourra en être faite, soit par titre authentique ou sous seing privé, soit par témoins, pour une valeur inférieure à 150 francs (art. 1341), et dans les cas prévus par les articles 1347 et 1348 (1), soit, dans tous les cas, par l'aveu ou le serment. Si, au contraire, la servitude résulte d'un acte à titre gratuit, donation ou testament, elle doit nécessairement être constatée par un acte écrit rédigé suivant les formes requises pour la validité des donations entre vifs ou des testaments (art. 893, 894, 895).

Réglementation. — La réglementation de l'exercice du droit, les conditions dans lesquelles cet exercice doit avoir lieu, la fixation du jour à partir duquel le titulaire pourra

1. Bourges, 7 janvier 1829, Sirey 1829. II. 277 ; Cassation, 16 novembre 1829, D. P. 29. 1. 408.

commencer à en jouir, la désignation du nombre et de l'espèce des bestiaux qu'on aura le droit de conduire au pâturage, tout est réglé par les parties contractantes comme elles le jugent bon. Le pouvoir que la loi a accordé aux conseils municipaux et aux maires, en matière de vaine pâture coutumière n'a donc ici aucune application. Le maire peut, il est vrai, prendre des arrêtés qui restreindront indirectement l'exercice du droit, par exemple en cas d'épizooties, interdire aux propriétaires de conduire leurs bestiaux au pâturage, de peur de contagion, mais c'est en vertu de son pouvoir de réglementation de la police rurale, et ceci n'a rien à faire avec le droit de vaine pâture.

C'est ici l'instant, nous semble-t-il d'examiner, à propos de la réglementation, certaines difficultés qui peuvent venir de la combinaison de la vaine pâture à titre particulier avec la vaine pâture coutumière.

L'individu qui a, sur un héritage déterminé, un droit de vaine pâture à titre particulier, ne perd pas, pour cela, son droit à la vaine pâture coutumière ; il peut exercer celle-ci comme tout autre habitant, si le droit de vaine pâture existe sur le territoire de la commune ; par conséquent il peut conduire ses bestiaux sur les autres terrains, soit par troupeau séparé, soit en les confiant au berger communal, pourvu qu'il se conforme à la réglementation établie en cette matière par le conseil municipal, en ce qui concerne le nombre de bestiaux.

Une chose non moins certaine et non moins indiscuta-

ble, c'est qu'un propriétaire ne peut établir sur son fonds
un droit de vaine pâture à titre particulier, lorsque ce fonds
est soumis à la vaine pâture coutumière. Les habitants de
la commune ont, en effet, un droit acquis, que le propriétaire ne peut leur enlever pour en donner la jouissance à
d'autres. Mais supposons que ce propriétaire use de son
droit de se clore ; son héritage sera ainsi soustrait à la vaine
pâture coutumière. Peut-il établir, sur le terrain ainsi clos,
un droit de vaine pâture à titre particulier ? Oui, à notre
avis, car la clôture a fait disparaître, tout au moins momentanément, ainsi que nous l'avons vu, le droit des habitants de la commune, et ceux-ci ne peuvent plus l'opposer au propriétaire, qui a le pouvoir d'user de son bien
comme il l'entend. Mais, si la clôture vient à disparaître,
qu'adviendra-t-il ? D'après les règles que nous avons
données, le droit de vaine pâture coutumière doit reprendre, car la clôture ne fait qu'en empêcher l'exercice, et
ne l'éteint pas. Mais, pendant que son terrain était clos,
le propriétaire a consenti un droit de vaine pâture à titre
particulier ; le bénéficiaire de ce droit opposera son titre
à la commune. Qui doit triompher dans le débat, de la
commune ou du particulier ? Nous pensons que ce doit
être la commune. En effet, le propriétaire n'avait acquis
la liberté de son héritage, qu'à la condition seulement,
que la clôture subsistât, et pendant le temps qu'elle sub-
sisterait ; il ne pouvait donc consentir un droit plus
étendu, et le bénéficiaire n'avait acquis qu'un droit con-
ditionnel ; la clôture venant à disparaître, ce droit est

éteint, et celui de la commune reprend, conformément aux règles générales. Le tout, bien entendu, sauf la prescription, ainsi que nous l'avons expliqué plus haut.

Une seconde difficulté peut se présenter. Nous allons voir que le propriétaire peut se soustraire au droit de vaine pâture à titre particulier par le rachat ou le cantonnement. Supposons qu'il ait usé de cette faculté ; si son héritage est situé sur le territoire d'une commune où la vaine pâture coutumière est en vigueur, cet héritage, en échappant à la première servitude, deviendra-t-il assujetti à la seconde ? Nous penchons vers l'affirmative. En effet, la vaine pâture coutumière doit s'exercer sur la généralité du territoire de la commune ; l'obstacle qui empêchait le terrain dont il est question d'y être soumis, c'est-à-dire le droit de vaine pâture consenti à un particulier par le propriétaire, a disparu, par conséquent la servitude légale et générale reprend son empire. On nous objecte que, d'après la loi, si le droit de vaine pâture coutumière peut être maintenu, il ne peut être question de le créer ; or, nous dit-on, vous le créez, puisque, antérieurement au rachat ou au cantonnement il n'existait pas. Nous pouvons répondre que le droit n'est nullement créé ; il est simplement étendu à un terrain ; il existait bien auparavant, puisque le reste du territoire communal y était soumis. Ce que le législateur a voulu éviter, c'est l'établissement de la vaine pâture en tant que servitude générale, sur le territoire d'une commune où elle n'existait pas antérieurement, mais non l'extension de ce droit à un héritage particulier, alors qu'il existait déjà sur le reste du territoire. Il est admis, du reste, que, lorsque le propriétaire d'un terrain soumis à la vaine pâture en change l'assolement ou le mode de culture, et transforme une vigne en pré, par exemple, ce terrain devient, comme les autres, assujetti au pâturage ; or, nous nous trouvons ici dans un cas analogue, et les mêmes raisons nous poussent à adopter une solution identique.

D'autres controverses ont surgi, à propos de la vaine pâture à titre particulier, à cause de la rédaction peu claire de l'article 12, et de la difficulté de découvrir la pensée du législateur sur ce point. Nous traiterons ces questions lorsque nous parlerons des modes d'extinction du droit, et en particulier du cantonnement et du rachat. Notre prochaine section est consacrée en partie à cette étude.

Section III. — De l'exercice du droit de vaine pâture à titre particulier, et de son extinction.

§ 1. *Exercice.* — Ici encore, la loi a laissé pleine liberté aux propriétaires ; ils sont donc libres d'établir la servitude, soit sur les champs dépouillés de leurs récoltes, soit sur les prairies naturelles, les pâtis, marais, etc., dont ils ont la propriété. Cette liberté n'a d'autres limites que celles apportées par la nature même du droit de vaine pâture ; voici comment : Un propriétaire a consenti un droit de pâturage sur une prairie artificielle ; le contrat est-il valable ? Incontestablement, malgré l'article 5 de la loi de 1889 ; mais ce n'est pas là, à notre avis, un droit de vaine pâture, mais bien une servitude de pâturage ; la nature de la culture s'oppose, comme nous l'avons déjà vu, à l'existence de la vaine pâture, puisque le terrain est toujours en produit. La distinction, du reste, entre le droit de vaine pâture à titre particulier, et une servitude de pâturage, a peu d'importance au point de vue pratique, puisque, dans les deux cas, nous avons des servitudes conventionnelles. C'est pour cette raison que cette distinction a été méconnue par la circulaire ministérielle du 5 août 1890, qui admet l'existence du droit de vaine pâture de l'article 12, sur les prairies artificielles (1).

On pourrait même établir un droit analogue sur des terres ensemencées, de blé par exemple, car l'article 14 de la loi sur le Code rural a aboli la loi du 6 messidor an III, sous l'empire de laquelle la vente des blés en vert était défendue. On a reconnu, en effet, que la consommation des blés en vert par le bétail, pouvait être quelquefois d'une certaine utilité, et, il peut être également plus avantageux de conduire les bestiaux au pâturage sur ces terrains, ce qui évite un transport souvent long et difficile, à cause de la situation et de la disposition des

1. Voy. la circulaire dans le *Bulletin du ministère de l'agriculture*, 1890, p. 470.

lieux. Mais, comme dans le cas précédent, notre servitude n'a plus du tout le caractère de vaine pâture ; elle rentre dans la classe des pâtures grasses ou vives pâtures.

Qu'entend-on par les mots « héritage déterminé », que le législateur a employés à propos de la vaine pâture à titre particulier ? Ces mots ont été employés par opposition aux mots « généralité du territoire d'une commune », que nous trouvons dans l'article 2, pour marquer que le droit ne pourrait être consenti par une collectivité d'individus sur leurs terrains, au profit d'un seul, mais ils ne signifient nullement qu'un propriétaire n'aurait pas le droit d'assujettir à la vaine pâture tous les terrains, par exemple, qu'il possède sur le territoire d'une commune, pourvu, bien entendu, que ces terrains soient, par leur nature, susceptibles de ce droit, et tout en respectant les droits acquis par les tiers.

Quant à la manière dont le droit doit s'exercer, nous n'avons pas à parler ici de la distinction entre l'usage du troupeau en commun ou des troupeaux séparés ; il ne peut en être question, puisqu'il n'y a qu'un seul titulaire du droit, qui fait conduire ses bestiaux au pâturage par un berger particulier.

Nous dirons un mot, dans notre 4e section, en traitant des actions qui peuvent naître à l'occasion du droit de vaine pâture à titre particulier, de la responsabilité, soit civile, soit pénale, de l'usager et de son berger.

§ 2. *Extinction du droit.* — En traitant de la vaine pâture coutumière, nous avons divisé les modes d'affran-

chissement ou d'extinction du droit en deux classes ; dans
la première nous avons rangé la clôture et le changement
de culture ; dans la seconde, le cantonnement et le
rachat ; nous devons examiner successivement ces deux
classes.

1° *Clôture et changement de culture.* — Les mêmes raisons qui vont nous faire refuser au propriétaire le droit
de se clôre, s'appliquent au changement de culture et
nous font adopter pour celui-ci une solution identique.

Nous avons vu que le droit de vaine pâture coutumière,
de quelque manière qu'il soit établi, ne fait jamais obstacle à la faculté que tout propriétaire a de se clore. Nous
sommes conduits à adopter ici un système contraire. La
vaine pâture à titre particulier est toujours fondée sur
un titre, et empêche, dans tous les cas, le propriétaire
d'user de la clôture. Nous nous trouvons, en effet, dans
un cas tout différent du premier ; il s'agit ici d'une servitude essentiellement conventionnelle, établie, la plupart
du temps, à titre onéreux ; il faut donc respecter le contrat, et par conséquent n'apporter aucune entrave à l'exercice du droit. C'est la solution admise par le plus grand
nombre des auteurs (1), et par la jurisprudence (2). Il y
a pourtant une difficulté qui a arrêté un auteur, et lui a
fait admettre une solution contraire à la notre ; c'est l'in-

1. Voy. Demolombe, t. 1, n° 290 ; Aubry et Rau, t. II, § 191,
p. 176, note 19, etc.
2. Voy. Arrêt de la Cour de Besançon, du 23 février 1898, *Gazette
des tribunaux*, du 17 mars 1898.

Chiffert   12

terprétation de l'article 7 de la loi de 1791. Cet article est ainsi conçu : « La clôture affranchira de même du droit de vaine pâture réciproque ou non réciproque, entre particuliers, si ce droit n'est pas fondé sur un titre. Toutes lois et tous usages contraires sont abolis ». M. Gavini de Campile explique ainsi cet article : (1) Le droit de vaine pâture, dit-il, lorsqu'il existe entre particuliers, ne peut être que conventionnel, « car il n'est pas permis de supposer que la loi ou les usages des lieux, aient pu établir une servitude légale au profit d'une seule personne, ou même à l'avantage réciproque de deux personnes » ; or, l'article 7 nous dit que la clôture affranchira du droit de vaine pâture à titre particulier ; refuser le droit de clôture dans le cas où la servitude est établie sur un titre, serait donc faire de l'article 7, une lettre morte. Le mot titre ne signifie donc pas titre constitutif du droit, « mais il s'applique au cas où il s'agit d'un titre contenant renonciation expresse, de la part du propriétaire du fonds grévé, à la faculté de se clore, ou établissant un droit de copropriété, ou enfin constituant une servitude de pâturage grasse ou vive ».

Tout en admettant le point de départ de ce raisonnement, c'est-à-dire la nature nécessairement conventionnelle de la servitude de vaine pâture à titre particulier, nous ne pouvons en admettre la conclusion. La loi parle du titre en général, et le législateur n'a certainement pas

---

1. Gavini de Campile, *Traité des servitudes*, t. I, n° 180 et suiv.

eu en vue les cas très spéciaux que signale l'auteur. Il
nous semble préférable de dire que l'article 7 a été voté
sans penser que le titre était le seul mode d'établissse-
ment de la servitude, et par une distraction du législateur. Ce n'est pas, du reste, un fait unique, et dans bien
d'autres cas les commeutateurs ont dû admettre l'inuti-
lité d'un texte de loi.

Quoiqu'il en soit, l'article 12 de la nouvelle loi nous
semble avoir implicitement résolu la difficulté, en ne
nous signalant, comme mode d'extinction de notre servitude, que le cantonnement et le rachat, et en passant
sous silence la clôture et le changement de culture.

De même, nous refusons le droit de clôture dans le cas
où la servitude est établie sur un héritage particulier, au
profit d'une commune, car cette servitude est également
conventionnelle, et ce n'est plus la vaine pâture dont
parle le code rural. Nous estimons aussi, avec M. Laurent (1), que, si un droit de pâturage s'exerce, non sur
la généralité du territoire d'une commune, mais seulement sur certains prés déterminés, le propriétaire n'a
plus la faculté de se clôre, car il s'agit, non de la vaine
pâture coutumière, mais d'une servitude de pacage
excluant la clôture.

Si le législateur n'accorde pas aux propriétaires le droit
de se soustraire par la clôture, à la vaine pâture à titre
particulier, il leur donne cependant un double moyen

1. Laurent, t. VII, p. 512.

de s'affranchir d'une lourde charge, qui, pour la plupart
des auteurs, paraît contraire aux progrès de l'agriculture, à cause de l'impossibilité, pour le propriétaire de
l'héritage grevé, de cultiver son terrain comme il le vou-
drait. Cet héritage peut être affranchi, soit par le rachat,
soit par le cantonnement.

2° *Cantonnement et rachat.* — Nous avons admis que le
rachat et le cantonnement, n'étaient applicables qu'à la
vaine pâture à titre particulier, et cela malgré l'opinion
de M. Ferd. Jacques, qui prétend que « cette prétention
si elle était émise, serait sans doute péremptoirement
repoussée » (1). Nous avons donné plus haut les raisons
qui nous ont fait pencher de côté, et nous n'avons pas
à y revenir ici. Voyons donc comment s'exercent le rachat et le cantonnement.

Il est bon d'abord de faire remarquer que le mot cantonnement signifie ici : abandon d'une partie de la propriété pour affranchir le reste, et qu'il importe de ne
pas le confondre avec le cantonnement dont il a été
question à propos de la réglementation de la vaine pâture coutumière, c'est-à-dire la division faite, par le conseil municipal, du territoire communal, en un certain
nombre de parties qui doivent être mises en pâture successivement, ou réservées à certaines espèces de bestiaux.

1. Ferd. Jacques, De la propriété et des servitudes rurales,
Revue critique, 1891, p. 124.

Rachat. — Nous nous bornerons à dire que le rachat est fait moyennant un prix fixé à l'amiable ou à dire d'experts. L'article 12, en ne mentionnant que ce second moyen de fixation de l'indemnité, n'a pas voulu interdire le premier, qui est souvent le plus avantageux, mais il a simplement voulu dire que, en cas de contestation, on devrait nommer des experts.

Cantonnement. — Ainsi que nous l'avons déjà dit, le cantonnement peut être défini ; un rachat dont le prix consiste en une parcelle de fonds grevé, abandonnée en pleine propriété à l'usager. A l'origine, le cantonnement fut exercé pour les usages forestiers seulement, les lois rurales l'étendirent à la servitude de vaine pâture à titre particulier. Nous trouvons les premiers vestiges de cette institution dans une ordonnance de Philippe le Hardi, de 1280, qui nous dit : « qu'aux usagers des forêts du roi, il sera fait livrées, en propres et commodes, à concurrence de ce qui leur sera nécessaire pour leur usage, et sans qu'ils puissent indifféremment prendre par toute forêt ». Ce principe fut généralisé par l'ordonnance de 1669, malgré la résistance des usagers, ainsi que le constate Proud'hon (1), car cette combinaison était avantageuse, aussi bien pour le propriétaire, qui libérait de la servitude une partie de sa forêt, que pour l'usager, dont le droit avait une assiette plus fixe (2) et plus commode.

1. Proudhon, *Droits d'usufruit*, n° 3333 et 3334.
2. F. Jacques, *Revue critique*, 1896, p. 248.

Le code forestier a adopté la même ligne de conduite. Enfin, la loi de 1791 sur le code rural, appliqua le cantonnement à la vaine pâture à titre particulier et son exemple fut suivi par le législateur de 1889 et de 1890.

Une question se pose ici à propos du cantonnement et du rachat. Peuvent-ils être demandés par l'usager aussi bien que par le propriétaire du fonds asservi ?

Il a été jugé, par le tribunal de Riom, le 9 août 1838 (1), que celui qui a, en vertu d'un titre, un droit de vaine pâture sur des fonds autres que des bois, ne peut en demander le cantonnement. Il nous paraît utile de donner ici quelques-uns des considérants du jugement :

« Considérant qu'il ne résulte pas nécessairement de la loi du 6 octobre 1791, que celui qui a un droit de vaine pâture, même par titre, sur d'autres propriétés qu'un bois, puisse avoir la faculté d'en demander le cantonnement; Que le législateur, dans cet article, a eu uniquement pour but d'introduire le cantonnement en faveur des propriétaires dont les fonds se trouvaient assujettis à la vaine pâture par titre, et qu'il l'a étendu même sur les bois ; Que, si, dans le même article, et plus bas, on trouve ces mots : « *le tout sans préjudice du cantonnement*, on doit les entendre dans ce sens qu'ils ont eu pour objet de prévenir toute confusion entre le droit de cantonnement établi par la loi du 19 septembre 1790, et le droit de rachat nouvellement accordé, en avertissant que tous

1. D. *Rép.* au mot Usage. Usage forestier, n° 586, note 1.

deux pouvaient être exercés, et que l'un n'était pas l'abrogation de l'autre.

Considérant qu'une autre interprétation, ayant pour résultat d'accorder l'action de cantonnement à celui qui n'a qu'un simple droit de vaine pâture, même par titre, serait exorbitante du droit commun ; qu'elle aurait pour effet de convertir en une portion de la propriété assujettie, des droits presque nuls, et de ne rien donner en échange au propriétaire obligé de supporter cette conversion ; qu'elle ne devrait être admise, en conséquence, par les tribunaux qu'autant que la volonté de la loi sur ce point aurait été clairement exprimée, et que, loin de trouver dans l'article dont il s'agit, une décision précise à cet égard, on peut y voir sans effort, ainsi qu'on l'a montré ci-dessus, une décision contraire ;

Considérant, au surplus que la faculté de rachat n'a été introduite qu'en faveur du propriétaire qui veut s'affranchir de la servitude. Par ces motifs, etc...

Nous nous rangerons à cet avis, malgré les objections qu'on a pu faire à l'arrêt précité. La décision, nous dit-on, est contraire au décret du 22 août 1792, qui veut que le cantonnement puisse être demandé tant par les usagers que pour les propriétaires. Nous répondrons que, à notre avis, cette disposition s'applique aux usages forestiers, et non en droit de vaine pâture dont il est question ici, de même que l'article 64 du Code forestier n'a pas aboli le cantonnement en matière de vaine pâture mais seulement en matière de pâturage, passage et glan-

dée dans les forêts. De plus, si l'on comprend fort bien
que le législateur, soucieux des progrès de l'agriculture,
ait donné au propriétaire le droit de s'affranchir d'une
servitude qui entravait sa liberté de culture, on compren-
drait moins facilement qu'il eût accordé la même faveur
à l'usager, qui ne souffre pas des mêmes inconvénients.
Celui-ci a, bien entendu, comme tout propriétaire d'un
droit, la faculté d'en faire l'abandon, mais non le pouvoir
de forcer le propriétaire à payer cette renonciation.

Enfin, le nouvel article 12 de la loi rurale semble
avoir résolu la difficulté dans le sens que nous adoptons
puisqu'il ne parle, à propos de la faculté de demander
le cantonnement ou le rachat, que du propriétaire du
fonds grevé.

Nous devons nous demander enfin si le propriétaire est
libre de choisir entre le cantonnement et le rachat. Cette
question, si elle est discutable pour ceux qui accordent
à l'usager le droit de demander le cantonnement ou le
rachat, nous semble résolue en faveur du propriétaire,
pour nous qui accordons à lui seul cette faveur. En effet,
celui-ci est acheteur, car il achète la liberté de son
terrain ; il peut donc, à son choix, fournir le prix en
nature ou en argent, puisqu'il peut forcer l'usager à la
vente. Au reste, ici encore l'article 12 semble nous donner raison, puisqu'il dit que le propriétaire peut s'affranchir, soit moyennant une indemnité, soit par voie de
cantonnement ; c'est, à notre avis, la reconnaissance du
droit d'option.

Exercice du cantonnement ou du rachat. — Le propriétaire, nous le supposons, désire affranchir son héritage de la servitude, soit par le rachat, soit par le cantonnement ; s'il s'entend avec l'usager à propos de la fixation du prix, il ne peut y avoir de difficultés, et tout se règle d'après la volonté des parties ; mais il arrivera assez souvent que le propriétaire rencontrera de la résistance de la part de l'usager, lequel peut avoir grand intérêt à conserver son droit ; la difficulté viendra alors devant les tribunaux, et ce sera au juge à déterminer le prix.

Sans pouvoir donner ici de règles fixes, car les choses varient suivant chaque espèce, et c'est aux tribunaux à tenir compte de ces variations, nous pouvons dire cependant que le juge devra faire entrer en ligne de compte l'avantage relatif que la servitude procurait à l'usager ; par exemple il devra être alloué, pour le même terrain, une indemnité plus forte, ou une parcelle plus considérable, si ce terrain est à proximité de la demeure de l'usager que s'il en est éloigné. De même on devra faire entrer en ligne, pour l'évaluation, la quantité de têtes de bétail qui pouvaient être conduites à la pâture, la qualité productive de l'héritage asservi, le temps pendant lequel le droit pouvait être exercé, etc...

Pendant que dure l'instance en rachat, le possesseur du droit peut continuer à exercer celui-ci conformément aux principes généraux. Il a même été jugé que l'introduction des bestiaux ne pouvait être interdite qu'après le payement de l'indemnité, à moins que le jugement qui la liquide, ne prononce une condamnation aux intérêts.

Dans ce cas l'usager renonce nécessairement à l'exercice du droit, car il ne peut avoir la chose et le prix (1).

Prescription. — Le dernier mode d'extinction est la prescription. Le droit s'éteint, comme pour la vaine pâture coutumière, par le non usage de trente ans. Remarquons cependant qu'il n'y a pas lieu de prévoir ici le cas où un héritage a été clos pendant trente ans consécutifs, l'existence de cette clôture ayant empêché l'exercice du droit ; nous avons décidé, pour la vaine pâture coutumière que l'héritage était alors libéré de la servitude ; ici ce cas ne peut se présenter, car nous avons vu que le propriétaire n'a pas le droit de se clore ; s'il l'a fait, ce n'est que par simple tolérance de la part de celui à qui appartient le droit, et cet acte ne peut entraîner la libération de l'héritage, bien que la clôture ait duré trente ans.

Section IV. — Des actions qui naissent à l'occasion du droit de vaine pâture à titre particulier.

Parmi les actions ayant pour objet la revendication du droit, nous avons accordé au titulaire de la vaine pâture contumière, l'action possessoire, mais nous avons signalé le dissentiment qui existe entre les auteurs dans le cas où la vaine pâture est fondée sur l'usage immémo-

1. Voy. Nancy, 28 février 1860, D. 60. 2. 121.

rial. La même difficulté n'existe plus ici, puisque la vaine pâture à titre particulier repose nécessairement sur un titre ; la possession du droit n'est donc pas entachée de précarité, et elle réunit toutes les conditions de l'article 2229 du Code civil. Le titulaire du droit aura donc, dans tous les cas, l'action possessoire.

Nous n'avons rien de spécial à dire relativement à l'action pétitoire, qui s'exerce selon les règles générales. Quant aux actions naissant d'une infraction, on doit appliquer ici les mêmes principes que pour la vaine pâture coutumière, notamment en ce qui concerne l'action civile et l'action publique, et en ce qui regarde les différentes infractions qui, nous l'avons vu du reste, ne sont pas spéciales au droit de vaine pâture. Nous ferons simplement remarquer que, pour la question de responsabilité, ce sera dans tous les cas le berger qui sera responsable pénalement, et le propriétaire des bestiaux le sera civilement. Il ne peut être question ici de la responsabilité de la commune puisqu'il n'y a pas de berger communal ; de même l'infraction aux règlements municipaux, prévue par l'article 475 du Code pénal, ne saurait exister ici, car la manière dont doit s'exercer le droit est réglée par le contrat, et si l'usager ne s'y conforme pas, le propriétaire n'a contre lui qu'une action en dommages-intérêts ou une action en résolution, pourvu, bien entendu que, sur le fait de non exécution de la convention, ne se soit pas greffée une infraction pénale indépendante.

CONCLUSION

Nous n'avons que quelques mots à dire pour tirer la conclusion qui nous semble ressortir de notre étude. Cette conclusion, du reste, nous avons déjà eu l'occasion d'en indiquer la substance, lorsque nous avons approuvé pleinement le législateur, et que nous avons refusé de nous associer aux nombreuses critiques qui lui ont été adressées au sujet de la loi de 1890. Selon nous, les règles qui régissent actuellement la vaine pâture et le parcours sont ce qu'elles doivent être. Nous ne voulons pas dire que la loi rurale soit exempte de tout défaut de détail ; on peut lui reprocher, en particulier, ainsi que nous l'avons vu, un certain manque de clarté, principalement dans la rédaction de l'article 12, relatif à la vaine pâture à titre particulier ; mais il ne faut pas oublier que ces difficultés d'interprétation sont inhérentes à la plupart des lois. Du moment qu'un texte législatif existe, il y a différentes manières de l'interpréter, et de le faire concorder avec les textes antérieurs ou postérieurs. Le Parlement ne peut prévoir, lorsqu'il édicte une règle, toutes les difficultés et tous les cas particuliers qui se présenteront ; la résolution de ces difficultés est la tâche du jurisconsulte.

On a fait à la loi de 1890, le reproche beaucoup plus
grave d'avoir donné aux conseils municipaux le pouvoir
de rétablir la vaine pâture sur les prairies naturelles. On
a reproché, en un mot, au législateur, de ne pas s'en être
tenu à la loi de 1889. Nous ne saurions admettre ce reproche. C'est le conseil municipal qui nous paraît être le
meilleur juge en la matière ; c'est lui qui peut le mieux
peser les avantages et les inconvénients de la servitude,
avantages et inconvénients qui peuvent varier, nous
l'avons vu, suivant les régions et l'état des lieux. Le pouvoir accordé aux conseils municipaux, est, nous dit-on,
exorbitant ; ils pourront en user en haine des grands
propriétaires, et dans le seul but de les frustrer d'une
partie de leur récolte. Nous répondrons d'abord que ces
propriétaires peuvent employer le moyen que leur accorde la loi de se soustraire à l'exercice de la servitude,
c'est-à-dire la clôture. De plus du moment que l'on accorde un pouvoir à une autorité quelconque, il peut arriver qu'elle en use mal. Mais nous devons espérer que ce
cas se présentera rarement, et que les conseillers municipaux auront plutôt en vue l'intérêt général de leur ad-
ministrés, que leur intérêt particulier, leurs haines ou
leurs rancunes personnelles.

VU :

Le professeur, président de la thèse,

ANDRÉ WEISS.

VU :

Le Doyen de la Faculté,

GARSONNET.

VU ET PERMIS D'IMPRIMER :

Le Recteur de l'Académie de Paris,

GRÉARD.

TABLE DES MATIÈRES

Laval. — Imp. parisienne L. BARNÉOUD & C

www.ingramcontent.com/pod-product-compliance
Lightning Source LLC
Chambersburg PA
CBHW060545210326
41519CB00014B/3351